Y.726.

(L'auteur est Mich. Boyron, dit Baron.)

★ Yth

Yc 4982

L'ANDRIENNE
COMEDIE.

V 1588.
2.

L'ANDRIENNE

COMEDIE.

Par M. BARON.

A PARIS,

Chez PIERRE RIBOU, à la descente
du Pont-Neuf, prés des Augustins,
à l'Image S. Loüis.

M. DC. XCIV.
Avec Privilege du Roy.

AU LECTEUR.

Baïf, Poëte, qui vivoit sous Charles IX. fit sune Traduction de l'Eunucque en vers François, qui, si je ne me trompe, ne fut pas representée publiquement, puisqu'il n'y avoit point encore à Paris de Comediens veritablement établis. Je n'ay point oüy dire que devant luy, ny depuis luy, nous ayons eu en vers d'autres Traductions de Terence; & l'Andrienne que voicy, est, je crois, la premiere de ses Comedies qui ait paru sur notre Theâtre. Toutes les fois que j'ay lû cet Auteur, je me suis étonné comment depuis tant de siécles, personne ne s'est avisé de nous donner une de ses pieces, telles qu'elles sont, sans y changer que ce que la bienseance & les mœurs ne peuvent permettre. J'en ay parlé souvent à ceux que je croyois plus capables que moy de l'entreprendre. N'ayant pû les persuader, j'ay mis la main à l'œuvre, & je ne crois pas avoir lieu de m'en repentir. L'Andrienne a été si generalement applaudie, que j'ay lieu de penser que dans

AU LECTEUR.

les lieux qui l'ont vû naître, on ne l'a pas jadis reçûë plus favorablement qu'elle vient de l'être aujourd'huy. J'ose parler ainsi, persuadé, qu'on ne me croira point assez vain pour m'attribuer un succés qui n'est dû qu'à Terence. C'est encore trop pour moy, qu'au sortir de mes mains, on ait daigné le reconnoître. J'avouë qu'il eût fallu de merveilleux talens pour le défigurer au point de l'empêcher de plaire. Pour peu qu'on suive ce grand homme, on ne sçauroit manquer de reüssir. Le bon goût est de tous les temps; & il étoit presqu'impossible que la Cour & Paris n'approuvassent ce qu'Athenes & Rome ont loüé. Que cela nous confirme, nous qui nous mélons d'écrire pour le Theâtre, dans la pensée que nous devons avoir, qu'on peut encore divertir le Public sans le secours de ces sales équivoques, si indignes de la veritable Comedie. J'aurois icy un beau champ pour me plaindre de l'injustice qu'on m'a voulu faire. * Je tâcheray d'imiter encore Terence, & je ne répondray à mes envieux, que ce qu'il répondit aux calomniateurs qui l'accusoient de ne prêter que son nom aux

---

* On a dit que je prêtois mon nom à l'*Andrienne*, & que d'autres que moy l'avoient faite.

AU LECTEUR.

Ouvrages des autres. Il disoit qu'on luy faisoit beaucoup d'honneur de le mettre en commerce avec des personnes qui s'attiroient l'estime & le respect de tout le monde. Je diray donc la même chose aujourd'huy : Trop heureux en effet, d'éprouver en quelque façon le sort d'un si grand homme. Je ne faisois uniquement cette Preface, que pour y marquer les endroits où je m'écarte de mon original : Mais je comprens que cela me meneroit trop loin. Cet excellent Poëte est dans les mains de tout le monde ; il sera fort aisé de connoître les changemens que j'y ay faits, en comparant l'original avec la copie ; & les gens éclairez démêleront sans peine ce qui m'a contraint à les faire. Ceux qui peu versez dans la langue de cet Auteur, voudront s'en éclaircir, auront, s'il leur plaît, recours aux traductions en prose. Il y en a de parfaitement bonnes ; & particuliérement celle de ce sçavant homme, qui malheureusement pour le Public, n'a traduit des six Comedies de Terence que l'ANDRIENNE, les ADELPHES, & le PHORMION.

ACTEURS.

SIMON Pere de Pamphile.
PAMPHILE Fils de Simon, & amant de Glicerie.
CHREMES Pere de Glicerie & de Philumene.
CARIN Amant de Philumene.
CRITON, de l'Isle d'Andros.
SOSIE Affranchi de Simon.
DAVE Esclave de Pamphile.
BYRRHIE Esclave de Carin.
DROMON Esclave de Simon.
GLICERIE Fille de Chremés.
MISIS servante de Glicerie.
ARQUILLIS servante de Glicerie.
Des Valets qui reviennent du marché avec Simon.

La Scene est dans une Place d'Athenes.

L'ANDRIENNE,

L'ANDRIENNE,
COMEDIE.

ACTE I.
SCENE PREMIERE.

SIMON, SOSIE, *des Crocheteurs.*

SIMON.

Mportez tout cela dans la maison, allez.
Sosie ? un mot ?
SOSIE.
Je sçais tout ce que vous voulez.
C'est d'avoir soin de tout. Il n'est pas necessaire
De me recommander…
SIMON.
Non, c'est une autre affaire.
SOSIE.
Dites-moy donc en quoy mon adresse & mon soin…
SIMON.
Je n'ay de ton adresse aucunement besoin.

A

Il suffit, pour servir utilement ton Maître,
De ces deux qualitez qu'avec toy j'ay vu naître;
C'est la fidelité, le secret.
SOSIE.
Je n'attens...
SIMON.
Je t'ay toujours connu sage dans tous les temps.
Je t'acheray, Sosie, en l'âge le plus tendre,
Et j'eus de toy des soins qu'on ne sçauroit comprendre;
J'élevay ta jeunesse, & tu connus en moy
Combien la servitude étoit douce pour toy.
Tu t'attiras d'abord toute ma confiance,
Et tu m'en témoignas tant de reconnoissance,
Qu'enfin je t'affranchis, & par ta liberté
Recompensay ton zele & ta fidelité.
SOSIE.
D'un si rare bienfait mon cœur n'a pû se taire.
SIMON.
Je le ferois encor si j'avois à le faire.
SOSIE.
Je me tiens fort heureux, si j'ay fait, si je fais
Quelque chose qui soit au gré de vos souhaits.
Mais pourquoy, s'il vous plaît, rappeller cette histoire?
Croyez vous que jamais j'en perde la memoire?
Ce recit d'un bienfait que j'ay tant publié,
Semble me reprocher que je l'aye oublié.
Pourquoy tant de detours? pardonnez-moy si j'ose...
SIMON.
Je commenceray donc; & la premiere chose
Dont je veux que par moy tu sois d'abord instruit,
C'est que le bruit qui court icy, n'est qu'un faux bruit.
Ces nopces, ce festin, veritables chimeres,
Dont les preparatifs ne sont qu'imaginaires.
SOSIE.
Pourquoy donc? Excusez ma curiosité.

COMEDIE.

SIMON.

Suis-moy, tu perceras dans ce tte obscurité.
Quand je t'auray fait voir mon dessein, ma conduite,
En quoy tu me seras utile dans la suite,
D'un stratagême adroit tu connoîtras le fruit ;
Tu connoîtras, mon fils ses mœurs ; & ce qui suit
Te va donner du fait entiere connoissance.
Mais sur-tout ne perd pas la moindre circonstance.
Mon fils donc, qui pour lors avoit prés de vingt ans,
Plus libre commençoit à voir les jeunes gens.
Je passe son enfance, où retenu peut-être
Par le respect d'un pere, & la crainte d'un maître,
L'on n'a pu discerner ses inclinations.

SOSIE.

C'est bien dit.

SIMON.

Je bannis toutes preventions.
Ce temps où ses pareils ont pour l'Academie,
Pour la Chasse, le Jeu, les Bals, la Comedie,
De ces empressements qu'on ne peut exprimer,
Ne fit rien voir en luy que l'on dût reprimer.
Il prenoit ces plaisirs avec poids & mesure,
Je m'en applaudissois.

SOSIE.

Non à tort, je vous jure.
Ce proverbe, Monsieur, sera de tous les temps :
RIEN DE TROP. Il instruit les petits & les
grands.

SIMON.

De la sorte il passoit cet âge difficile,
Souffrant & supportant le sot comme l'habile ;
A servir ses amis de bon cœur il s'offroit ;
Complaisant, à nul d'eux il ne se preferoit ;
Il avoit à leur plaire une douce habitude,
Et de tous leurs desirs se faisoit une étude ;

A ij

Ainsi donc sans envie il attiroit à luy,
De l'honneur, des amis si rares aujourd'huy.
SOSIE.
On appelle cela marcher avec sagesse.
A son âge sçavoir que la verité blesse,
Et que la complaisance attire des amis,
C'est, d'un excellent Pere être le digne fils.
SIMON.
Environ vers ce temps, une femme Andrienne
Vint prendre une maison assez prés de la mienne;
Sans parens, sans amis, peu riche; c'est ainsi
Qu'elle partit d'Andros, pour s'établir icy.
Elle étoit encor jeune, & passablement belle.
SOSIE.
L'Andrienne commence à me mettre en cervelle.
SIMON.
Vivant pour lors sans bien & sans ambition,
Coudre & filer faisoit son occupation ;
Le travail de ses mains, de son fil, de sa laine,
A ses besoins pressants ne suffisoit qu'à peine.
On publioit par tout sa vertu, sa pudeur,
Tout ce qu'on m'en disoit me perçoit jusqu'au cœur ;
Et je cherchois déja comment je pourrois faire
Pour soulager sous-main l'excés de sa misere ;
Mais si-tôt qu'à ses yeux brillerent les amants,
Elle ne garda plus tant de menagements.
Comme l'esprit toujours ennemy de la peine,
Se porte du travail où le plaisir le mene,
Elle donna chez elle à joüer nuit & jour.
Parmy ces jeunes gens qui luy faisoient la cour,
Ceux qui pour la servir montroient le plus de zele,
Obligerent mon fils à l'aller voir chez elle.
Si-tôt que je le sçus, en moy-même je dis :
Pour le coup, c'en est fait, on le tient, il est pris.
j'attendois le matin leurs valets au passage,

COMÉDIE. 5

Qui tour à tour rodoient dans tout ce voisinage ;
J'en appellois quelqu'un, je luy disois : Mon fils ?
Nomme-moy tous les gens qui sont avec Chrysis.
Chrysis est proprement le nom de l'Heroïne.

SOSIE.
Ah ! je n'etens que trop. Je fais plus, je devine.

SIMON.
Je ne me souviens plus moy-même où j'en étois.

SOSIE.
Vous appelliez...

SIMON.
J'y suis. Je priois, promettois.
Phedre, me disoit l'un, Nicerate, Clinie ;
Ces jeunes gens tous trois l'aimoient plus que leur vie.
Et Pamphile ? Pamphile assis prés d'un grand feu,
Par complaisance attend qu'on ait finy le jeu.
Je m'en réjoüissois. Les jours suivans, sans cesse,
Je revenois vers eux, & leur faisois largesse,
Pour sçavoir comme en tout mon fils se conduisoit.
Je n'eusse osé penser le bien qu'on m'en disoit.
Plusieurs fois éprouvé de la même maniere,
Je crus pouvoir en luy prendre assurance entiere :
Car celuy qui s'expose, & qui revient vainqueur,
Gagne la confiance, & s'attire le cœur.
D'ailleurs, de tous côtez, je dis le plus farouche,
N'osoit, sans le loüer, même en ouvrir la bouche.
D'une commune voix j'entendois mes amis,
Qui me felicitoient d'avoir un si bon fils.
Que te diray-je enfin ? Chrémes remply de zele,
Me vient offrir sa fille & son bien avec elle,
Pour épouser mon fils, au moins, cela s'entend.
J'approuve, je promets, & ce jour-cy se prend.

SOSIE.
A leur bonheur commun quel obstacle s'oppose ?

A iij

SIMON.
Patience. Un moment t'inſtruira de la choſe.
Lorſque Chrémes & moy nous mettions tout d'accord,
De Chryſis tout d'un coup nous apprenons la mort.
SOSIE.
Où qu'elle ſoit, Monſieur, pour Dieu qu'elle s'y tienne.
Je n'ay jamais rien craint tant que cette Andrienne.
SIMON.
Mon fils qui la plaignoit dans ſon malheureux ſort,
Ne l'abandonnoit pas, même depuis ſa mort,
Et tout ſe diſpoſoit pour la ceremonie
De ces triſtes devoirs qu'on rend aprés la vie.
Plus attentif alors je l'examinois mieux.
J'apperçus qu'il tomboit des larmes de ſes yeux,
Je trouvois cela bon, & diſois en mon ame :
Il pleure, & ne connoît qu'à peine cette femme !
S'il l'aimoit, qu'eût-il fait en un pareil malheur ?
Et ſi je mourois moy, que feroit ſa douleur ?
Je prenois tout cela pour la marque infaillible
De la bonté d'un cœur délicat & ſenſible :
Mais pour trancher enfin d'inutiles diſcours,
On emporte le corps, il y vole, j'y cours,
Je me mets dans la foule ; & le tout pour luy plaire ;
Je ne ſoupçonnois rien encor dans cette affaire.
SOSIE.
Comment ? Que dites-vous ?
SIMON.
Attens, tu le ſçauras.
Nous allons, nous ſuivons, nous marchons pas à pas.
Pluſieurs femmes pleuroient ; mais ſur-tout une blonde
Me parut...
SOSIE.
Belle ? Hem ?
SIMON.
La plus belle du monde,

COMEDIE.

Mais dont la modestie égaloit la beauté,
Et tant de grace jointe à tant d'honnêteté,
La mettoient audessus de tout ce qu'on admire,
Poussé par un motif que j'aurois peine à dire,
Soit qu'elle m'eût touché par son affliction,
Ou qu'elle eût sur mon cœur fait quelque impression,
Je voulus la connoître, & dans l'instant j'appelle
Doucement le Valet qui marchoit aprés elle :
Quelle est cette beauté, mon amy, que tu suis,
Luy dis-je ? Il me répond : C'est la sœur de Chrysis.
L'esprit frappé, surpris, & le cœur en allarmes :
Ha, ha, dis-je, voicy la source de ces larmes ;
Voilà donc le sujet de sa compassion !

SOSIE

Je crains que tout cecy n'amene rien de bon.

SIMON

On arrive au tombeau. Là, selon la coutume,
Le corps sur le bucher se brûle, se consume ;
On n'entend que des pleurs & des gemissemens.
Cette sœur de Chrysis, dans ces tristes momens,
S'approche avec peril du feu qui le devore.
Chacun veut la sauver : mais plus ardent encore,
Pamphile, penetré des plus sensibles coups,
Avance, presse, accourt, se fait jour parmy nous,
De son amour caché découvrant le mystere ;
La retire du feu, pleure, se desespere :
Ma chere Glicerie, helas ! dit-il, helas !
Pourquoy vous perdez-vous ? Elle tombe en ses bras.
Leurs yeux se rencontrant nous firent trop entendre
Qu'ils s'aimoient dés long-temps de l'amour le plus
[tendre.

SOSIE

Que me dites vous là ?

SIMON

Je retourne au logis,
Dans le fonds de mon cœur pestant contre mon fils,

Et n'ofant pourtant point luy montrer ma colere.
Car il n'eût pas manqué de me dire : Mon Pere ;
Quel mal ay-je donc fait? Quel crime ay-je commis?
J'ay donné du fecours à la fœur de Chryfis ;
Dans la flâme elle tombe, & ma main l'en retire.
Tu vois bien qu'à cela je n'aurois rien à dire.
SOSIE.
C'eft fçavoir à propos dompter fa paffion.
Le quereller aprés une telle action,
Aprés un mauvais coup que pourroit-il attendre?
SIMON.
Chremes ne voulant plus de mon fils pour fon gendre,
Vient dés le lendemain pour me le declarer,
Ajoutant qu'on n'eût pu jamais fe figurer
Que mon fils, fans égards, fans refpect pour fon Pere,
Vecût comme il faifoit avec cette Etrangere.
Moy de nier le fait, luy de le foûtenir.
Je m'emporte : mais luy ne cherchant qu'à finir,
J'eus beau luy rappeller fa promeffe & la mienne,
Il me rend ma parole, & retire la fienne.
SOSIE.
A Pamphile auffi-tôt vous fites la leçon?
SIMON.
La reprimande encor n'étoit pas de faifon.
SOSIE.
Comment?
SIMON.
Il m'auroit dit, comme je m'imagine :
Mon Pere, en attendant le choix qu'on me deftine,
Et pour lequel enfin je vois tout difpofer,
Prêt à fubir le joug que l'on va m'impofer,
Dans le refte d'un temps qui ne durera guere,
Qu'il me foit libre au moins de vivre à ma maniere.
SOSIE.
Quel lieu donc aurez-vous de le reprimander?

COMEDIE.
SIMON.
Le refus ou l'aveu me fera decider.
S'il recule ou s'oppose à ce feint mariage,
Tu m'entendras pour lors prendre un autre langage.
D'un ridicule amour par luy-même éclaircy,
Je luy montreray bien si l'on doit vivre ainsi.
Mais suffit. A l'égard de ce maraut de Dave,
Qui depuis trop long-temps & me jouë & brave,
Et qui pour me tromper fait agir cent ressorts,
Il fera pour mon fils d'inutiles efforts.
A me fourber aussi le traître veut l'instruire ;
Et songe à le servir beaucoup moins qu'à me nuire.
SOSIE.
Eh pourquoy donc cela ?
SIMON.
Quoy ? Tu ne le sçais pas ?
Ah ! c'est un scelerat qui ne peut faire un pas...
Mais baste. Si j'apprens qu'en cette conjoncture
Le fourbe contre moy prenne quelque mesure,
Tu verras.... Souhaittons seulement que mon fils
Soit à mes volontez aveuglément soumis.
Qu'il ne me reste plus qu'à renouer l'affaire,
Pour adoucir Chrémes je sçais ce qu'il faut faire.
Ce que je veux de toy, c'est de persuader
Que l'himen de mon fils ne se peut retarder ;
D'appuyer ce mensonge, & jurer sur ta tête
Que ce jour-cy, ce jour est marqué pour la fête ;
D'intimider ce Dave en cette occasion.
C'est tout ce que je veux de ton affection.
SOSIE.
Vous pouvez maintenant dormir en assurance.
SIMON.
Va, rentre.

SCENE II.

SIMON *seul.*

Que de soins sans aucune esperance !
Aprés bien des tourmens, pester, gronder, crier !
Pamphile ne voudra jamais se marier.
Dave m'a trop instruit, & malgré sa contrainte,
Le trouble de ses yeux m'a découvert sa crainte,
Lors que je témoignay. Mais voicy le maraut.

SCENE III.

SIMON DAVE.

DAVE *qui ne voit point Simon.*

On appelle cela le prendre comme il faut !
Tres-certain qu'à son fils on refuse une fille
Avec beaucoup de bien & de bonne famille,
Le bon homme fait voir un modeste maintien,
Sans en dire un seul mot, sans en témoigner rien.

SIMON *à part.*

Il parlera, Maraut, donne toy patience.
Tu n'en seras pas mieux, ainsi que je le pense.

DAVE *sans appercevoir Simon.*

Je vois bien ce que c'est. Le bon vieillard a cru
Que sous l'espoir flatteur de cet himen rompu,

COMEDIE.

Et nous ayant leurez de cette fausse joye,
Nous passerions des jours filez d'or & de soye,
Sans trouble sans chagrin, lors qu'il viendroit tout net
Le Contract à la main nous saisir au colet.
La peste, qu'il en sçait !

SIMON.
Ah, le maudit esclave !

DAVE.
Je ne le voyois pas, c'est mon vieux Maître.

SIMON.
Dave ?

DAVE.
Qui m'appelle ?

SIMON.
C'est à moy.

DAVE.
Qui, c'est moy ?

SIMON.
Me voicy.

DAVE.
Où donc ?

SIMON.
Ah le Bourreau !

DAVE.
Je ne sças...

SIMON.
C'est icy.

DAVE.
Je ne vois...

SIMON.
Le Pendart !

DAVE.
Ouf ! pardonnez de grace...

SIMON.
Je t'excuse, voleur ; mais reste en cette place.

L'ANDRIENNE,

DAVE.
Vous n'avez qu'à parler.

SIMON.
Hem ?

DAVE.
Quoy ?

SIMON.
Plaît-il ?

DAVE.
Monsieur ?

SIMON.
Ce qu'on dit de mon fils, luy fait bien de l'honneur !

DAVE.
Que dit-on ?

SIMON.
Ce qu'on dit ? Qu'une certaine femme
Allume dans son cœur une illicite flamme.
Tout le monde en murmure.

DAVE.
Ha vrayment ! c'est de quoy
Le monde se met fort en peine, que je croy !

SIMON.
Que dis-tu ?

DAVE.
Moy ?

SIMON.
Toy.

DAVE.
Rien.

SIMON.
Dans la grande jeunesse,
L'ame soumise aux sens, & s'égarant sans cesse...
Brisons-là, n'allons point r'appeller le passé.
Mais aujourd'huy qu'il est moins jeune & plus sensé,
Dave, il faut d'autres mœurs, un autre train de vie ;

Je

COMEDIE.

Je te commande donc, ou plûtôt je te prie,
Et si ce n'est assez, je te conjure enfin
De remettre mon fils dans un meilleur chemin.
Tu m'entens ? Hem ?

DAVE.
Pas trop.
SIMON.
Je sçais bien qu'à son âge
On n'aime pas, on craint, on fuit le mariage.
DAVE.
On le dit.
SIMON.
Et sur-tout, lorsqu'un jeune imprudent
S'abandonne aux conseils d'un mauvais confident,
Il se livre à des maux qu'on ne sçauroit comprendre.
DAVE.
Je commence, Monsieur, à ne vous plus entendre.
SIMON.
Tu ne m'entens plus ?
DAVE.
Non.
SIMON.
Attens jusqu'à la fin.
DAVE.
Je suis Dave, Monsieur, & ne suis pas devin.
SIMON.
Tu veux que je sois clair, & plus intelligible ?
DAVE.
Ouy, s'il vous plaît.
SIMON.
Je vais y faire mon possible.
Si mon fils n'est ce soir soumis à la raison,
Je te feray demain mourir sous le bâton ;
Et veux, si je l'oublie, ou si je te fais grace,
Que sans misericorde on m'assomme à ta place.

B

Eh bien ? De ce discours es-tu plus satisfait ?
DAVE.
Celuy-cy, pour le coup, me paroît clair & net.
Ce discours-cy n'est point de ces discours frivoles,
Et renferme un grand sens en tres-peu de paroles.
SIMON.
Tu ris, mais prend bien garde à cette affaire-cy.
Tu ne te plaindras point qu'on ne t'ait averty,
Adieu.

SCENE III.

DAVE *seul.*

Vous l'entendez de vos propres oreilles ;
Sus, Dave, il n'est pas temps de bayer aux Corneilles.
Si l'esprit ne nous sert en cette occasion,
Pour mon Maître, ou pour moy, je ne vois rien de
  bon.
Que faire ? Le laisser dans ce peril extrême ?
Il est mort. Le servir par quelque stratagême ?
Si le vieillard le sçait... Je m'y perds ; & ma foy,
Je ne vois que Bâtons prêts à tomber sur moy.
Quand il sçaura, bons Dieux ! quelle triste journée !
Pamphile marié depuis plus d'une année !
Pensent-ils qu'il prendra, ce vieillard emporté,
Des contes faits en l'air pour une verité ?
Lui diront-ils qu'elle est citoïenne d'Athenes ?
Et de cent visions, dont leurs têtes sont pleines,
Croiront-ils l'endormir, en lui frottant le dos ?
Un vieux Marchand perit proche l'Isle d'Andros !

COMEDIE.

Aprés sa mort, laissant cette petite fille,
Le pere de Chrisis qui la trouva gentille.
La fit prés de Chrysis avec soin élever !
Imaginations, qu'on ne sçauroit prouver !
Ce vieux Marchand mourant...Contes à dormir, fable
Qui ne me paroît pas seulement vray-semblable !
Mais pourquoy m'arrêter à tous ces vains discours ?
A des maux si pressans, il faut un prompt secours.
De ce vieillard fougueux pour calmer la furie,
Quoy ? ne pourrions-nous pas resoudre Glicerie
A venir à ses pieds luy demander...Helas !
Glicerie est malade, & je n'y songe pas ;
Et si mal, que je crains que la fin de sa vie
Ne soit le dénoûment de cette tragedie.
Mais j'apperçois Misis.

SCENE IV.

DAVE, MISIS.

DAVE.

Eh bien, ma chere enfant,
Comment se porte-t-elle ?

MISIS.

Un peu mieux maintenant.
Mais helas ! on ne peut faire aucun fonds sur elle.
Ce vieillard irrité luy trouble la cervelle.
Elle n'ignore pas qu'il peut en un moment.
Rompre un himen formé sans son consentement,
Malade comme elle est, languissante, abbatuë,
Bien plus que tout son mal cette crainte la tuë.

B iij

Elle découvre tout ce qu'on veut luy cacher ;
Elle m'a fait sortir pour te venir chercher.
Tu luy feras plaisir de la voir, de luy dire…

DAVE.

Je ne puis maintenant, Misis, je me retire.
De ma presence ailleurs on a trop de besoin.
Dis-luy qu'à la servir je donne tout mon soin ;
Que de ce même pas je cours toute la ville,
Pour tâcher de trouver & prévenir Pamphile.

SCENE V.

MISIS seule.

A Quel nouveau malheur faut-il nous preparer ?
De son empressement que pourrois-je augurer ?
Dis-luy que de ce pas je cours toute la ville,
Pour tâcher de trouver & prévenir Pamphile.
Pour prévenir Pamphile ! Ô Ciel ! est-il besoin
Que de le prévenir on prenne tant de soin ?
Devroit-il être un jour, une heure, un moment même,
Sans venir l'assurer de son amour extrême ?
Que laisse-t-il penser ? Quel funeste embarras !
Dieux tout-puissans, grands Dieux, ne l'abandonnez pas.

SCENE VI.

MISIS, PAMPHILE.

MISIS continuë.

JUste Ciel ! quel objet se presente à ma veuë ?
Pamphile hors de luy ! que mon ame est émuë !
Que vois-je ? Il leve au Ciel & les mains & les yeux.
Notre malheur, helas ! peut-il s'expliquer mieux ?.

PAMPHILE.
D'un procedé pareil un homme est-il capable ?
Est-ce-là comme en use un pere raisonnable ?

MISIS.
Que veut dire cecy ? Je tremble.

PAMPHILE.
     Ah ! quelle main,
Sort cruel, choisis-tu pour me percer le sein ?
Quoy ? Sans me pressentir sur le choix d'une femme,
Mon pere croit livrer & mon cœur & mon ame ?
D'abord n'a-t-il pas dû me le communiquer ?

MISIS.
Qu'entens-je ? Quel Enigme il vient de m'expliquer ?

PAMPHILE.
Chrémes donc à present tient un autre langage,
Luy, qui me refusoit sa fille en mariage,
Il pretend me la faire épouser aujourd'huy ?
Oh, pour moy, je ne veux ny d'elle ny de luy.
De mes vœux, de ma foy mon cœur n'est plus le maître :
Je serois à la fois ingrat, parjure, traître.
Puis-je le concevoir ? S'il n'est aucun secours,

Ce jour fatal sera le dernier de mes jours.
De mon cœur embrazé le feu ne peut s'éteindre;
Helas ! des malheureux je suis le plus à plaindre.
Ne pourrai-je éviter dans mon malheureux sort
Un himen mille fois plus cruel que la mort ?
De combien de rebuts m'ont-ils rendu la proye ?
On me veut aujourd'huy, demain l'on me renvoye;
On me r'appelle encor. Que dois-je soupçonner ?
Il n'est que trop aisé de se l'imaginer.
Il n'a pû de sa fille autrement se défaire;
Il me la veut donner, voila tout le mystere.

MISIS.

Ce discours me saisit, & me perce le cœur.

PAMPHILE.

Mais ce qui met encor le comble à ma douleur,
C'est l'air indifferent & l'abord de mon Pere.
Croit-il qu'un mot suffit dans une telle affaire ?
Je le rencontre ; à peine avoit-il pû me voir :
Philumene est à vous, m'a-t-il dit ; & ce soir …
J'ay crû qu'il me disoit, ou qu'à l'instant je meure :
Va, Pamphile, va-t-en te pendre tout à l'heure.
Assommé de ce coup, j'ay paru comme un sot,
Sans oser devant luy proferer un seul mot.
Si quelqu'un me demande, en une telle affaire
Averty de tout point, ce qu'il eût fallu faire;
Je ne sçais : mais je sçais que dans un pareil cas
J'eusse fait ce qu'il faut pour ne l'épouser pas.
Pour moy, je ne vois plus que penser, ny que dire,
Je sens de toutes parts mon cœur que l'on déchire.
La pitié, le respect m'entraînent tour à tour.
Tantôt j'écoute un pere, & tantôt mon amour.
Ce pere me cherit, l'abuseray-je encore ?
Faut-il abandonner la Beauté que j'adore ?
Helas ! que faire, helas ! de quel côté tourner ?

COMEDIE.

MISIS *à part.*

Il est temps de combattre, & non de s'étonner.
Il faut absolument qu'il parle à ma maîtresse.
Tout le veut, son repos, son honneur, sa tendresse.
Tandis que son esprit ne sçait où s'incliner,
Parlons, pressons, un mot peut le déterminer.

PAMPHILE.

Qu'entens-je ? C'est Misis !

MISIS.

Helas ! c'est elle-même.

PAMPHILE.

Que dit-elle ? Prens part à ma douleur extrême.
Que fait elle ? Répons.

MISIS.

Me le demandez-vous ?
Du plus cruel destin elle ressent les coups.
Le bruit qui se répand d'un fatal himenée,
Malgré tous vos sermens, malgré la foy donnée,
Elle craint en un mot que ce funeste jour
A son fidelle cœur n'arrache votre amour.

PAMPHILE.

Ciel ! puis-je le penser ? Quel soupçon l'a frappée ?
Ah, malheureux ! c'est moy qui l'aurois donc trom-
pée !
Me croit-elle sans cœur, sans honneur & sans foy,
Elle qui n'attend rien que du Ciel & de moy ?
J'exposerois ses mœurs, sa vertu non commune,
Aux bizarrres rigueurs d'une injuste fortune ?
Cela ne sera point.

MISIS.

Elle ne doute pas
Que s'il dépend de vous, Pamphile ; mais helas !
Si l'on vous y contraint...

PAMPHILE.

Je serois assez lâche.

Pour rompre, pour briser la chaîne qui m'attache ?
MISIS.
Elle merite bien que vous vous souveniez
Que les mêmes sermens tous deux vous ont liez.
PAMPHILE.
Si je m'en souviendray ! Qui ? Moy ? Toute ma vie.
Ce que me dit Chrysis parlant de Glicerie,
Occupe incessamment mon esprit & mon cœur.
Mourante, elle m'appelle; & moy plein de douleur,
J'avance; vous étiez dans la chambre prochaine;
Et pour lors, d'une voix qui ne sortoit qu'à peine,
„ Elle me dit, (Misis, j'en verse encor des pleurs)
„ Elle est jeune, elle est belle, elle est sage, & je meurs.
„ Pour conserver son bien que peut-elle à cet âge ?
„ La beauté pour ses mœurs est un triste avantage.
„ Je vous conjure donc par sa main que je tiens,
„ Par la foy, par l'honneur, par mes pleurs, par
les siens,
„ Par ce dernier moment qui va finir ma vie,
„ De ne vous separer jamais de Glicerie.
„ Pamphile, quand j'ay cru trouver un frere en vous,
„ L'aimable Glicerie y crut voir un époux;
„ Et depuis tous ses soins n'ont tendu qu'à vous plaire.
„ Soyez donc son tuteur, son époux & son pere.
„ Du peu de bien qu'elle a daignez prendre le soin,
„ Conservez-le, peut-être elle en aura besoin.
Elle prit nos deux mains, & les mit dans la sienne:
„ Que dans cette union l'amour vous entretienne;
„ C'est tout ... Elle expira dans le même moment.
Je l'ay promis, Misis, je tiendray mon serment.
Je ne trahiray point la foy la plus sincere,
Je te le jure encor.
MISIS.
Pamphile, je l'espere;
Mais ne montez-vous pas, pour calmer ses ennuis ?

COMEDIE.
PAMPHILE.
Je ne paroîtray point dans le trouble où je suis.
Mais, ma chere Misis, fais en sorte de grace,
Qu'elle ne sçache rien de tout ce qui se passe.
MISIS.
J'y feray mes efforts.
PAMPHILE.
Attens, Misis. Je crains.
Non, je ne puis la voir.
MISIS.
Helas! que je le plains!

Fin du premier Acte.

ACTE II.

SCENE PREMIERE

CARIN, BYRRHIE.

CARIN.

AY-je bien entendu ? Me dis-tu vray, Byrrhie ?
Le croiray-je ? Pamphile aujourd'huy se marie ?

BYRRHIE.

Cela n'est que trop vray.

CARIN.

Mais de qui le sçais-tu ?
Dis-le moy donc.

BYRRHIE.

De Dave à l'instant je l'ay sçû.

CARIN.

Jusqu'ici, quelque espoir, au milieu de ma crainte,
Soulageoit tous les maux dont mon ame est atteinte.
Mais enfin interdit, languissant, abbatu,
Je sens que je n'ay plus ny force ny vertu.
C'en est fait, je succombe à ma douleur mortelle.
Eh ! puis-je vivre aprés cette affreuse nouvelle ?

BYRRHIE.

Lorsqu'on ne peut, Monsieur, faire ce que l'on veut,
Il faudroit essayer à vouloir ce qu'on peut.

CARIN.

Que puis-je souhaiter quand je perds Philumene ?

COMEDIE.
BYRRHIE.
Eh ! ne feriez-vous pas, avec bien moins de peine,
Un effort pour chasser ce malheureux amour,
Que d'en parler sans cesse & la nuit & le jour ?
Sans relâche, attentif au feu qui vous dévore,
Par de pareils discours vous l'irritez encore.
CARIN.
Helas ! qu'il t'est aisé, dans un profond repos,
De vouloir apporter du remede à mes maux.
BYRRHIE.
Je vous diray pourtant...
CARIN.
     Ah ! laisse-moy, Byrrhie,
Un semblable discours me fatigue & m'ennuye.
BYRRHIE.
Vous ferez là-dessus tout ce qu'il vous plaira.
CARIN.
Pamphile de mon sort luy seul decidera.
Il faut tout employer, avant que je perisse.
Il se rendra peut-être à mes desirs propice.
Je vais luy découvrir l'excés de mes tourmens ;
Et s'il n'est pas touché des peines que je sens,
Pour quelque temps au moins j'obtiendray qu'il
 differe
Un himen que je crains, & qui me desespere.
Pendant ce temps il peut arriver, que sçait-on ?
BYRRHIE.
Il ne peut desormais arriver rien de bon.
CARIN.
Je vois Pamphile. O Ciel ! Conseille-moy, Byrrhie,
L'aborderay-je, ou non ?
BYRRHIE.
     Contentez vôtre envie.
Découvrez-luy l'état où l'amour vous a mis.
Peut-être craindra-t-il quelque chose de pis.

SCENE II.

CARIN, BYRRHIE, PAMPHILE.

PAMPHILE.

JE vois Carin, bon jour.
CARIN.
Bon jour, mon cher Pamphile,
En vos seules bontez trouveray-je un azile ?
Serez-vous mon appuy ? La rigueur de mon sort
A mis entre vos mains & ma vie & ma mort.
PAMPHILE.
Helas, mon cher Carin ! quel espoir est le vôtre ?
Je ne puis rien pour moy, que puis-je pour un autre?
Mais de quoy s'agit-il ?
CARIN.
Il s'agit de sçavoir
Si vous vous mariez, comme on dit, dés ce soir.
PAMPHILE.
On le dit.
CARIN.
Permettez, mon cher, que je vous die
Un adieu qui sera le dernier de ma vie.
PAMPHILE.
Eh ! pourquoy donc cela ?
CARIN.
Je demeure interdit.
Je n'ose vous parler, & vous m'avez tout dit.
Byrrhie instruit d'un mal que j'ay peine à vous taire,
Vous peut de mes malheurs découvrir le mystere.

BYR-

COMEDIE.
BYRRHIE.
Oüy-da, je le feray tres-volontiers.
PAMPHILE.
Hé bien ?
BYRRHIE.
Ne vous allarmez pas sur-tout, c'est moins que rien.
Monsieur est amoureux, amoureux à la rage
De celle qu'on vous va donner en mariage.
PAMPHILE.
Il l'aime ? Mais, Carin, parlez-moy nettement.
Vous aime-t-elle aussi ? Par quelque engagement
Pourriez-vous... dites-moy.. Ce que je me propose...
CARIN.
Non, je vous avoüerois ingenûment la chose.
PAMPHILE.
Ah ! plût au Ciel, Carin, que pour vous & pour moi...
CARIN.
Je suis de vos amis, Pamphile, je le croy.
Par cette amitié donc entre nous établie,
Rompez premierement cet himen qu'on publie.
PAMPHILE.
J'y feray mes efforts.
CARIN.
Ou bien, si votre cœur
Dans cet engagement trouve tant de douceur.
PAMPHILE.
Quelle douceur !
CARIN.
Au moins, & pour derniere grace,
Differez d'un seul jour le coup qui me menace,
Pour me donner le temps de délivrer vos yeux
D'un ami, d'un amant, d'un rival odieux.
PAMPHILE.
Ecoutez-moy, Carin. Dans le siecle où nous sommes,
Vous ne l'ignorez pas, on rencontre des hommes,

C.

Qui parez d'un bienfait qu'ils n'ont jamais rendu,
En arrachent le fruit qui ne leur est pas dû.
Je suis, vous le sçavez, d'un autre caractere.
Ainsi pour vous parler sans feinte, sans mystere,
Cet himen si contraire à vos plus chers desirs,
Me cause maintenant de mortels déplaisirs.
CARIN.
Helas! vous me rendez la joye & l'esperance.
PAMPHILE.
Vous pouvez maintenant agir en assurance.
Faites, pour l'épouser, joüer mille ressorts,
Pour ne l'épouser point, je feray mes efforts.
CARIN.
J'employray...
PAMPHILE.
Dave vient. C'est en luy que j'espere,
Son conseil nous sera sans doute necessaire.
CARIN à *Byrrhie*.
Toy qui cent fois par jour me mets au desespoir,
Retire-toy, va-t-en.
BYRRHIE.
Monsieur, jusqu'au revoir.

SCENE III.

PAMPHILE, CARIN, DAVE.

DAVE *Sans appercevoir Pamphile ny Carin*.

Bon Dieux! que de plaisirs! Eh là, Messieurs, de grace,
Je suis un peu pressé, permettez que je passe.
Pamphile n'est-il point parmi vous? Dans son cœur

COMEDIE. 27

Je voudrois rétablir la paix & la douceur.
Eh morbleu, rangez-vous ? Où diantre peut-il être ?
CARIN.
Il me paroît content,
PAMPHILE.
Il ne sçait pas peut-être
Les troubles, les chagrins dont je me sens pressé.
DAVE.
S'il est instruit des maux dont il est menacé...
CARIN à Pamphile.
Ecoutez ce qu'il dit.
DAVE.
Il court toute la Ville,
Et de nous rencontrer il n'est pas bien facile.
De quel côté tourner ?
CARIN à Pamphile.
Que ne luy parlons-nous ?
DAVE.
Je vais...
PAMPHILE.
Dave ?
DAVE.
Qui, Dave ? Ah, Monsieur, c'est donc vous ?
Et vous aussi, Carin ? Allegresses, merveilles !
Ecoutez-moy tous deux de toutes vos oreilles.
PAMPHILE.
Dave, je suis perdu.
DAVE.
De grace, écoutez-moy.
PAMPHILE.
Je suis mort.
DAVE.
Je sçais tout.
CARIN.
Je n'ay recours qu'en toy.

C ij

L'ANDRIENNE,

DAVE.
Je suis fort bien instruit.

PAMPHILE.
Dave, l'on me marie.

DAVE.
Je le sçais.

PAMPHILE.
Dés ce soir.

DAVE.
Eh, merci de ma vie,
Un moment de repos. Je sçais vos embarras.
Vous craignez d'épouser ? Vous, de n'épouser pas ?

CARIN.
C'est cela.

PAMPHILE.
Tu l'as dit.

DAVE.
Oh, cessez de vous plaindre,
Jusques icy tous deux vous n'avez rien à craindre.

PAMPHILE.
Hâte-toy, tire-moy de la crainte où je suis.

DAVE.
Eh ! je le fais aussi le plûtôt que je puis.
Vous n'épouserez point, vous dis-je, Philumene,
Et j'en ay, je vous jure, une preuve certaine.

PAMPHILE.
D'où le sçais-tu, dy-moy.

DAVE.
Je le sçais, & fort bien.
Votre Pere tantôt, par forme d'entretien,
M'a dit : Dave, je veux sans tarder davantage,
De mon fils aujourd'huy faire le mariage.
Passons. Vieillard jazant tient discours superflus,
Dont tres-heureusement je ne me souviens plus.
Au même instant, rempli d'une douleur mortelle,

Je cours pour vous porter cette triste nouvelle.
Je vais droit à la Place, où ne vous voyant point,
Je me trouve pour lors affligé de tout point.
Je gagne la hauteur ; & là, tout hors d'haleine,
En cent lieux differens où mon œil se promene,
Elevé sur mes pieds, je m'apperçois fort bien,
Que je découvre tout, & ne discerne rien.
Je descens promptement, je rencontre Byrrhie.
Avec empressement je le prie & reprie
De me dire en quel lieu vous êtes. Ce nigaut
Me regarde, m'écoute, & s'enfuit aussi-tôt.
Las, fatigué, chagrin, je pense, je repense...
Mais pour ce mariage on fait peu de dépense,
Dis-je alors. Là-dessus, je prens quelque soupçon.
Ce bon homme me vient quereller sans raison.
Il nous forge un himen pour nous tromper, je gage.
Ces doutes bien fondez r'appellent mon courage.

PAMPHILE.
Eh bien, aprés?

DAVE.
Aprés, plus gaillard, plus dispos,
J'arrive à la maison de Chremés aussi-tôt.
Je considere tout avec exactitude.
Un seul valet, sans soin, & sans inquiétude,
Respiroit à la porte un précieux loisir,
Et malgré le grand froid ronfloit avec plaisir.
J'en tressaille.

PAMPHILE.
Poursui.

DAVE.
Cette maison m'étonne,
D'où personne ne sort, où n'aborde personne,
Où je ne vois amis, parentes, ny parens,
Ny meubles somptueux, ny riches vêtemens,
Où l'on ne parle point de musique, de dance.

PAMPHILE.
Ah Dave!
DAVE.
Cet himen a-t-il de l'apparence?
PAMPHILE.
Je ne sçais que penser.
DAVE.
Que me dites-vous là?
C'est très-certainement un conte que cela.
Je fais plus. A l'instant j'entre dans la cuisine.
Je n'y vois qu'un poulet d'assez mauvaise mine,
Un seul petit poisson qui dans l'eau barbottoit,
Un Cuisinier transi qui dans ses mains souffloit.
CARIN.
Dave, tu me parois comme un Dieu tutelaire.
Je retrouve en toy seul un Protecteur, un Pere.
DAVE.
Eh! vous n'en êtes pas encore où vous pensez.
CARIN.
Il n'épousera point Philumene.
DAVE.
Est-ce assez?
Dites-moy, s'il vous plaît, est-ce ainsi qu'on raisonne?
Parce qu'il ne l'a point, faut-il qu'on vous la donne?
Ne tardez pas, allez, employez vos amis,
Montrez-vous caressant, obligeant, & soumis.
CARIN.
Va, je n'oubliray rien. Je ferois plus encore
Pour posseder un jour la Beauté que j'adore.

COMEDIE.

SCENE IV.
PAMPHILE, DAVE.

PAMPHILE.
Mais pourquoy donc mon pere à ce point nous
joüer ?

DAVE.
Il sçait bien ce qu'il fait, vous l'allez avoüer.
Si Chremés rompt des nœuds formez par votre Pere,
Votre pere ne peut que se plaindre ou se taire.
Il sent bien qu'il eût dû vous en parler d'abord.
Il vous veut maintenant mettre dans votre tort.
Si dans cette union feinte qu'il vous propose,
Vous ne luy paroissez soumis en toute chose,
Ah, pour lors vous verrez de terribles éclats.

PAMPHILE.
Je me prepare à tout.

DAVE.
Ne vous y trompez pas.
C'est votre pere au moins, pensez-y mieux, Pamphile,
Et de luy resister, c'est chose peu facile.
Dans de nouveaux chagrin n'allez point vous plonger.
Sur le moindre soupçon qu'il pourroit se forger,
Il vous feroit chasser brusquement Glicerie,
Et vous n'en entendriez parler de votre vie.

PAMPHILE.
La chasser ! juste ciel !

DAVE.
N'en doutez nullement.

PAMPHILE.
Que faut-il faire, helas !
DAVE.
Dire tout maintenant,
Qu'à suivre ses conseils vous n'aurez nulle peine,
Et que vous êtes prêt d'épouser Philumene.
PAMPHILE.
Hem ?
DAVE.
Plaît-il ?
PAMPHILE.
Je diray ?...
DAVE.
Pourquoy non ?
PAMPHILE.
Que je vais ?...
Non Dave, encore un coup, ne m'en parle jamais.
DAVE.
Croyez-moy.
PAMPHILE.
C'en est trop, & ce discours me lasse.
DAVE.
Mais que risquerez-vous ? Ecoutez-moy de grace.
PAMPHILE.
De me voir separer de l'objet de mes vœux.
D'épouser Philumene, & vivre malheureux.
DAVE.
Cela ne sera point, soit dit sans vous déplaire.
Je vois plus clair que vous dans toute cette affaire.
Vous ne hazardez rien à vous humilier.
Votre pere dira : Je veux vous marier,
J'ay choisi ce jour-cy pour celebrer la fête.
Et vous luy répondrez, en inclinant la tête :
Mon pere, je feray tout ce qu'il vous plaira.
Fiez-vous-en à moy, ce coup l'assommera,

COMEDIE.

Et ce bon homme enfin en intrigues fertile,
Cessera de poursuivre un dessein inutile.
Chremés dans son refus plus ferme que jamais,
Vous va servir, Monsieur, & selon vos souhaits.
Ainsi vous passerez, au gré de votre envie,
Sans trouble, d'heureux jours auprés de Glicerie.
Chremés de votre amour par mes soins informé,
Dans son juste refus se verra confirmé.
Mais ressouvenez-vous que le nœud de l'affaire
Est de paroître en tout soumis à votre pere.
Et ne vous allez point encore imaginer
Qu'il ne trouvera plus de fille à vous donner,
Dans cet engagement que vous faites paroître;
Il vous la choisira vieille & laide peut-être,
Plûtôt que vous laisser dans le déreglement,
Où vous luy paroissez vivre jusqu'à present.
Mais si vous vous montrez soumis à sa puissance,
Le bon homme pour lors remply de confiance,
Nous laissera le temps de choisir, d'inventer
Quel remede à nos maux nous devons apporter.

PAMPHILE.
Dave, crois-tu cela?

DAVE.
Si je le crois? Sans doute.

PAMPHILE.
Helas! si tu sçavois ce qu'un tel effort coûte!

DAVE.
Par ma foy, vous rêvez. Quoy donc, y pensez-vous?
On se mocque de luy tant qu'on veut, entre-nous.
Le voicy. Bon, courage, un peu d'effronterie.
Sur-tout ne paroissez point triste, je vous prie.

SCENE V.

SIMON, PAMPHILE, DAVE.

SIMON.

Je reviens pour sçavoir quel conseil ils ont pris.
####### DAVE à part.
Cet homme croit trouver un rebelle en son fils;
Et medite à part luy quelque trait d'éloquence,
Dont nous l'allons payer autrement qu'il ne pense.
Allons, songez à vous, & possedez-vous bien.
####### PAMPHILE.
Je feray de mon mieux, mais ne me dy plus rien.
####### DAVE.
Si vous luy répondez, ainsi que je l'espere:
Tout ce que vous voudrez, j'obeïray, mon Pere;
Vous le verrez confus, sans pouvoir dire un mot;
Et si cela n'est pas, prenez-moy pour un sot.
####### SIMON.
Ah! les voicy tous deux, & je vais les surprendre.
####### DAVE.
Prenez garde, il nous voit. N'importe, il faut l'at- (tendre.
####### SIMON.
Pamphile?
####### DAVE.
Tournez-vous, & paroissez surpris.

COMEDIE.

SCENE VI.
SIMON, PAMPHILE, DAVE, BYRRHIE.

PAMPHILE.
Ah ! mon Pere !
DAVE.
Fort bien !
SIMON.
C'est aujourd'huy, mon fils,
Que l'himen se conclud, & que tout se dispose.
PAMPHILE.
Mon pere, je suis prêt à terminer la chose.
BYRRHIE à part.
Qu'entens-je ? Que dit-il ?
DAVE.
Il demeure müet.
SIMON.
Mon fils, de ce discours je suis fort satisfait,
Je n'attendois pas moins de votre obeïssance;
L'effet n'a nullement trompé mon esperance.
DAVE.
J'etouffe.
BYRRHIE à part.
Aprés le tour de ces mauvais railleurs,
Mon maître peut chercher une autre femme ailleurs.
SIMON.
Entrez. Chremés dans peu chez moy viendra se rendre,
Et ce n'est pas à luy, mon fils, à vous attendre.

L'ANDRIENNE,

PAMPHILE.

J'y vais.

BYRRHIE.

O temps ! ô mœurs ! qu'êtes-vous devenus ?

SIMON.

Allez, rentrez, vous dis-je, & ne ressortez plus.

SCENE VII.

SIMON DAVE.

DAVE à part.

IL me regarde. Il croit, je gagerois ma vie,
Que je reste en ce lieu pour quelque fourberie.

SIMON.

Si de ce scelerat, par quelque heureux moyen,
Je pouvois... A quoy donc s'occupe Dave ?

DAVE.

A rien.

SIMON.

A rien ?

DAVE.

A rien du tout, ou qu'à l'instant je meure.

SIMON.

Tu me semblois pensif, inquiet tout à l'heure.

DAVE.

Moy ? Non.

SIMON.

Tu marmottois pourtant je ne sçais quoy.

DAVE.

Quel conte ! Il ne sçait plus ce qu'il dit, par ma foy.

SIMON,

COMEDIE. 37

SIMON.

Hem ?

DAVE.

Plaît-il ?

SIMON.

Rêves-tu ?

DAVE.

Tres-souvent dans les ruës
Je fais Châteaux en l'air, je bâtis dans les nuës;
Et rêver de la sorte, est, vous le sçavez bien,
Rêver à peu de chose, & pour mieux dire, à rien.

SIMON.

Quand je te fais l'honneur de te parler, j'enrage;
Tu devrois bien au moins me tourner le visage.

DAVE.

Ah ! que vous voyez clair ! c'est encore un deffaut
Dont je me déferay, Monsieur, tout au plûtôt.

SIMON.

Ce sera fort bien-fait, une fois en ta vie…

DAVE.

Vous voulez bien, Monsieur, que je vous remercie ?

SIMON.

De quoy ?

DAVE.

De vos avis donnez tres à propos.

SIMON.

J'y consens.

DAVE.

En effet, aller tourner le dos
Lorsque quelqu'un vous parle !

SIMON.

A quelle patience…

DAVE.

C'est choquer tout-à-fait l'exacte bienseance.

D

L'ANDRIENNE,

SIMON.
Auras-tu bien-tôt fait ?
DAVE.
    Une telle leçon
Me fait ouvrir les yeux de la bonne façon.
SIMON.
Oh ! tu m'avertiras quand ton oreille prête…
DAVE.
Je m'en vais, je vois bien que je vous romps la tête.
SIMON.
Eh non, bourreau ; vien-çà, je te veux parler.
DAVE.
      bon !

SIMON.
Ouy, je te veux parler, le veux-tu bien, ou non ?
DAVE.
Si j'avois cru, Monsieur…
SIMON.
   Ah, bon Dieu ! quel martire !
DAVE.
Que vous eussiez encor quelque chose à me dire,
Je me fusse gardé…
SIMON.
 Chien !
DAVE.
   D'interrrompre un instant…
SIMON.
Et ne le fais-tu pas, boureau, dans ce moment ?
DAVE.
Je me tairay.
SIMON.
 Voyons.
DAVE.
   Je n'ouvre pas la bouche.

COMEDIE.

SIMON.
Tant mieux.

DAVE.
Et me voila, Monsieur, comme une souche.

SIMON.
Et moy, si je t'entens, je ne manqueray pas
Du bâton que voicy de te casser les bras.
Or sus, puis-je esperer qu'aujourd'huy sans contrainte
La verité pourra, sans recevoir d'atteinte,
Une fois seulement de ta bouche sortir ?

DAVE.
Qui voudroit devant vous s'exposer à mentir ?

SIMON.
Écoute, il n'est pas bon de me faire la nicque.

DAVE.
Je ne le sçais que trop. Qui s'y frotte, s'y picque.

SIMON.
Oh bien, cela conté comme tu me le dis,
Cet himen ne fait-il nulle peine à mon fils ?
N'as-tu point remarqué quelque trouble en son ame,
A cause de l'amour qu'il a pour cette femme ?

DAVE.
Qui luy ? Voila, ma foy, de plaisantes amours !
Ce trouble sera donc de trois ou quatre jours ?
Puis, ne sçavez-vous pas qu'ils sont broüillez ensemble ?

SIMON.
Broüillez ?

DAVE.
Je vous l'ay dit.

SIMON.
Non, à ce qu'il me semble.

DAVE.
Oh bien, tout va, vous dis-je, au gré de vos souhaits.

D ij.

Ils sont broüillez, broüillez à ne se voir jamais.
Vous voyez qu'à vous plaire il fait tout son possible.
De l'état de son cœur c'est la preuve sensible.
SIMON.
Il est vray que j'ay lieu d'en être fort content :
Mais il m'a paru triste, embarrassé, pourtant.
DAVE.
Ma foy, je ne puis plus le cacher davantage.
Je crois que vous verriez au travers d'un nüage.
SIMON.
Eh bien ?
DAVE.
Vous l'avez dit, il est un peu chagrin.
SIMON.
Tu vois !
DAVE.
Peste ! je vois que vous êtes bien fin !
SIMON.
Di-moy donc ?
DAVE.
Ce n'est rien, c'est une bagatelle.
SIMON.
Mais encor ?
DAVE.
Que se forge une jeune cervelle.
SIMON.
Quoy ? je ne puis sçavoir ?
DAVE.
Il conçoit de l'ennuy...
Mais ne me broüillez pas, s'il vous plaît, avec luy.
SIMON.
Il ne le sçaura point.
DAVE.
Il dit qu'on le marie
Sans éclat ; qu'on l'expose à la plaisanterie...

SIMON.
Comment donc?
DAVE.
Quoy, dit-il, personne n'est comaris
Pour prier seulement nos parens, nos amis?
Pour un fils, poursuit-il, rempli d'obeïssance,
Epargne-t-on les soins autant que la dépence?
SIMON.
Moy?
DAVE.
Vous. Il a monté dans son appartement.
Il y croyoit trouver un riche emmeublement.
Il n'a pas tort, au moins. Si j'osois...
SIMON.
Je t'en prie.
DAVE.
Je vous accuserois d'un peu de ladrerie.
SIMON.
Retire-toy, maraut.
DAVE à part.
Il en tient. (*Il sort.*)
SIMON.
Sur ma foy,
Je crois que ce coquin se mocque encor de moy.
Ce traître, ce pendart à toute heure m'occupe.
Eh quoy? Seray-je donc incessamment sa dupe?
Si j'allois... C'est bien dit, que sert-il de rêver?
Bon ou mauvais, n'importe, il faut tout éprouver.

Fin du second Acte.

ACTE III.
SCENE PREMIERE.
SIMON.

AH! je puis maintenant, selon toute apparence,
D'un succés asseuré concevoir l'esperance.
S'ils m'ont voulu joüer dans cette affaire-cy,
J'ay de quoy maintenant me mocquer d'eux aussi.
S'ils sont de bonne foy, comme je le souhaite,
Dans deux heures au plus l'affaire sera faite.
Hola, Sosie, hola? Bons Dieux! que de plaisirs
De voir tout reüssir au gré de ses desirs!

SCENE II.
SIMON, SOSIE.
SOSIE.

Que vous plaît-il, Monsieur?
SIMON.
      Ecoute des merveilles.
Mais ce coquin de Dave est tout yeux, tout oreilles.

COMEDIE.

Prend garde.
SOSIE.
Là-dessus n'ayez aucun soupçon.
Il n'abandonne pas un instant la maison.
Tout se fait, disent-ils, au gré de leur envie ;
Ils n'ont jamais été si contens de leur vie.
SIMON.
Tel qui rit le matin, pleure à la fin du jour ;
Et le Proverbe dit, que chacun à son tour.
SOSIE.
Eh comment donc ?
SIMON.
Je suis au comble de la joye,
SOSIE.
Quel est enfin ce bien que le Ciel vous envoye ?
SIMON.
Ce mariage feint, à plaisir inventé,
Ce conte...
SOSIE.
Et bien, ce conte ?
SIMON.
Est une verité.
SOSIE.
D'un autre que de vous j'aurois peine à le croire.
SIMON.
Je te vais en deux mots conter toute l'histoire.
Mon fils m'ayant promis ce que je demandois,
Et même beaucoup plus que je n'en attendois,
M'a jetté tout d'un coup dans quelque défiance.
J'ay prié Dave alors avec beaucoup d'instance.
De vouloir pleinement éclaircir mes soupçons ;
Le traître m'en a dit de toutes les façons ;
M'a fait cent questions sur une bagatelle ;
Et le chien m'a si bien démonté la cervelle,
Que dans tous ses discours je n'ay rien veu, sinon

Qu'il se mocquoit de moy.
SOSIE.
Tout de bon ?
SIMON.
Tout de bon.
Je chasse sur le champ cette maligne bête.
Tout ému que je suis, il me vient dans la tête
De voir Chremés. Je suis ce premier mouvement,
J'arrive à sa maison dans cet empressement.
Les complimens rendus, je luy fais des caresses,
Cent protestations, mille & mille promesses,
J'ay tant prié, pressé, je m'y suis si bien pris,
Que sa fille aujourd'huy doit épouser mon fils.
SOSIE.
Ah, que me dites-vous ?
SIMON.
C'est la verité pure.
Tout m'a favorisé dans cette conjoncture,
Et tu verras dans peu Chremés venir icy,
Pour conclure l'himen. Justement, le voicy.

SCENE III.
SIMON, SOSIE, CHREMES.
SIMON.

NOn, je ne me sens pas. O Ciel ! je te rens grace.
Mon cher Chremés, souffrez qu'encor je vous embrasse.
Allons, n'entrons-nous pas ?   *Sosie sort.*

COMEDIE.

CHREMES.
Vôtre interêt, le mien,
Me font vous demander un moment d'entretien.
SIMON.
Chez moy nous ferons mieux.
CHREMES.
Il n'eſt pas neceſſaire,
Un mot eſt bien-tôt dit, je ne tarderay guere.
SIMON.
Vous n'auriez pas changé de reſolution ?
CHREMES.
Monſieur, ſur tout cecy j'ay fait reflexion.
De vos empreſſemens je n'ay pu me deffendre;
J'ay donné ma parole; & je viens la reprendre.
SIMON.
Pour la ſeconde fois, Chremés, y penſez-vous ?
CHREMES.
Pour la centiéme fois. Car enfin, entre-nous,
A votre fils plongé dans le libertinage,
Irois-je ainſi donner ma fille en mariage ?
C'eſt ſe mocquer, tout franc, & vous ny ſongez pas,
De me pouſſer vous-même à faire un mauvais pas.
Croyez d'ailleurs, Simon, que cet effort me coûte...
SIMON.
Ah de grace, un moment.
CHREMES.
Parlez, je vous écoute.
SIMON.
Chremés, par tous les Dieux j'oſe vous conjurer,
Par l'amitié qu'en nous rien ne peut alterer,
Qui dés nos jeunes ans a commencé de naître,
Que l'âge & la raiſon ont formée & vû croître,
Par cette fille unique en qui vous vous plaiſez,
Par mon fils, du ſalut duquel vous diſpoſez,
D'accomplir cet himen ſans tarder davantage.

C'est de notre amitié le plus seur témoignage.
CHREMES.
Ah, Simon ! cachez-moy toute votre douleur.
Ce discours me saisit & perce le cœur :
A vos moindres desirs je suis prêt à me rendre.
Du moins, à votre tour daignez aussi m'entendre.
Voyons. Si cet himen leur est avantageux,
J'y consens, à l'instant marions-les tous deux.
Mais quoy ? Si cet himen que votre cœur souhaite,
Dans des gouffres de maux l'un & l'autre les jette,
Nous devons regarder la chose de plus prés,
Et prendre de tous deux les communs interêts.
Pensons donc, pour le bien & de l'un & de l'autre,
Que Pamphile est mon fils, que ma fille est la vôtre.
SIMON.
Eh, je le fais aussi, je ne regarde qu'eux ;
Leur bonheur est tres-seur, leur malheur est douteux,
A conclure aujourd'huy, Chremés, tout nous convie.
CHREMES.
Comment ?
SIMON.
Il ne voit plus....
CHREMES.
Et qui donc ?
SIMON.
Glicerie.
CHREMES.
J'entens !
SIMON.
Ils sont broüillez ; mais contez là-dessus,
Si broüillez, que je crois qu'il n'y songera plus.
CHREMES.
Fable !
SIMON.
Rien n'est plus vray, Chremés, je vous le jure.

COMEDIE.
CHREME'S.
Ne nous arrêtons point à cette conjecture.
Simon, nous le sçavons, & depuis plus d'un jour :
LES PICQUES DES AMANTS RENOUVELLENT L'AMOUR.
SIMON.
Chremés, n'attendons pas que cet amour renaisse,
Et profitons d'un temps qu'un bon destin nous laisse.
N'exposons plus mon fils aux charmes seducteurs,
Aux larmes, aux transports, à ces feintes douceurs
Dont se sert avec fruit une coquette habile ;
Prevenons ce malheur en mariant Pamphile.
De Philumene alors mon fils étant l'époux,
Prendra des sentimens dignes d'elle & de vous.
CHREME'S.
Votre amour aveuglé vous flatte, & vous abuse.
Nous accordera-t-il un bien qu'il vous refuse ?
Ne nous amusons point d'un ridicule espoir.
SIMON.
Sans l'avoir éprouvé pouvez-vous le sçavoir ?
CHREME'S.
En verité, Simon, l'épreuve est dangereuse.
SIMON.
Ça, je le veux, prenons que la chose est douteuse.
S'il arrivoit, (pourtant ce que je ne crains pas)
Quelque desordre ; eh bien, sans faire de fracas
Nous les separerions. Regardez, je vous prie ;
Voilà le plus grand mal. Mais s'il change de vie,
Considerez les biens que vous nous donnerez :
D'abord, notre amitié que vous conserverez.
En second lieu, le fils que vous rendez au pere ;
Pour vous un gendre acquis, & soigneux de vous
 plaire,
A Philumene enfin un époux vertueux.
CHREME'S.
Oh bien soit, que l'himen les unisse tous deux.

SIMON.

Ah ! c'est avec raison, Chremés, que je vous aime,
Je vous le dis sans fard, à l'égal de moy-même.

CHREME'S.

Je vous suis obligé. Qui vous a donc appris
Que l'Andrienne enfin ne voit plus votre Fils ?

SIMON.

Vous me feriez grand tort, mon cher Chremés, de croire
Que je vouluſſe icy vous forger une histoire.
C'est Dave, à qui mon fils ne cache jamais rien,
Qui me l'a dit tantôt par forme d'entretien.
C'est de luy que je sçais, comme chose certaine,
Le desir qu'a mon fils d'épouser Philumene.
Je m'en vais l'appeller. Cachez-vous dans ce coin,
De tout ce qu'il dira vous serez le témoin.

CHREME'S.

Je fais ce qu'il vous plaît.

SIMON.

Ah ! le voila luy-même.

SCENE IV.

SIMON, CHREME'S *caché*, **DAVE.**

DAVE.

Pourquoy nous laissez-vous dans cette peine extrême ?
Il se fait déja tard. C'est se mocquer aussi !
L'épouse ne vient point, & devroit être icy.
Nous sommes de la voir dans une impatience ...

SIMON.

COMEDIE.
SIMON.
Va, Dave, elle y fera plûtôt que l'on ne penfe.
DAVE,
Elle n'y peut venir affez tôt.
SIMON.
Je le croy.
Et Pamphile ?
DAVE.
Il l'attend plus ardemment que moy.
SIMON *touffant*.
Hem, hem, hem.
DAVE.
Vous touffez ?
SIMON.
Ce n'eft rien.
DAVE.
Je l'efpere.
Tous ces petits enfans dont vous ferez grand-pere,
Auront befoin de vous, cela donne à rêver ;
Et pour eux & pour nous il faut vous conferver.
SIMON.
Que fait mon fils ?
DAVE.
Il court, il arrange, il ordonne,
Et fe donne, ma foy, plus de foin que perfonne.
SIMON.
Mais encor, que dit-il ?
DAVE.
Oh, vrayment, ce qu'il dit !
Je crois qu'à tous momens il va perdre l'efprit.
SIMON.
Eh comment donc cela ?
DAVE.
Son ame impatiente
Ne fçauroit fupporter une fi longue attente.

E

L'ANDRIENNE,
SIMON *touffant encore.*

Hem, hem.

DAVE.

Mais cependant, ce rhume est obstiné.

SIMON.

Un peu de mouvement que je me suis donné…
Laissons. Il parle donc souvent de Philumene?

DAVE.

C'est son petit Bouchon, sa Princesse, sa Reine.

SIMON.

Cela me fait plaisir.

DAVE.

Et le pauvre garçon
A déja composé pour elle une chanson.

SIMON.

Je pense que tu ris.

DAVE.

Il faut bien que je rie.
Je n'ay jamais été plus joyeux de ma vie.

SIMON.

Dave, il faut maintenant t'avoüer mon secret.
J'avois toujours de toy craint quelque mauvais trait;
Et l'amour de mon fils avec cette étrangere
Me rendoit défiant, je ne puis plus le taire.

DAVE.

Moy, vous tromper? Bons Dieux! que me dites-vous
là?
Je ne suis vrayment pas capable de cela.

SIMON.

Je l'ay cru. Maintenant que ton zele m'impose,
Je te vais découvrir ingenûment la chose.

DAVE.

Quoy donc?

SIMON,

Tu le sçauras, car je me fie à toy.

COMEDIE.

DAVE.
J'aimerois mieux cent fois.

SIMON.
C'est assez, je te croy.
L'himen en question ne se devoit point faire.

DAVE.
Comment ?

SIMON.
Pour vous tromper j'ay fait tout ce mystere.

DAVE.
Que me dites-vous là ?

SIMON.
Que la chose est ainsi.

DAVE.
Non ! je n'eusse jamais deviné celuy-cy !
Ah ! que vous en sçavez !

CHREMES *sortant du lieu où il étoit caché.*
C'est trop long-temps attendre,
Et j'en sçais beaucoup plus qu'il n'en falloit entendre.
Je vais chercher ma fille, & l'amener chez vous.

SCENE V.
SIMON, DAVE.

SIMON.
Tu comprens bien ?

DAVE *à part.*
Ah, Ciel ! où nous fourrerons-nous ?

SIMON.
Et sans te fatiguer d'inutile redite,

E ij

L'ANDRIENNE.
Tu vois de tout cecy la naissance & la suite.
DAVE.
Il ne m'échappe rien, Monsieur, je comprens tout.
SIMON.
Je te le veux conter de l'un à l'autre bout.
DAVE.
Ne vous fatiguez point.
SIMON.
    Je veux....
DAVE.
        Je vous en prie.
SIMON.
Mais du moins, il faut bien que je te remercie.
Ce mariage enfin dont je me sçais bon gré,
C'est toy, Dave, c'est toy qui me l'as procuré.
DAVE *à part*.
Ha ! je suis mort.
SIMON.
  Plaît-il ?
DAVE.
    Fort bien, le mieux du monde.
SIMON.
Et je m'en souviendray.
DAVE *à part*.
    Que le Ciel te confonde.
SIMON.
Que murmures-tu là tout bas entre tes dents ?
DAVE.
Il m'a pris tout d'un coup des éblouissemens.
SIMON.
Cela se passera. Desormais fais en sorte
Que mon fils dans l'himen sagement se comporte.
DAVE.
Allez, vous n'en aurez que du contentement.

COMEDIE.

SIMON.
Dave, mieux que jamais tu le peux maintenant.
L'Andrienne & Pamphile étant broüillez ensemble,
C'est pour ce mariage un grand bien, ce me semble.

DAVE.
Reposez-vous sur moy, puisque je vous le dis.

SIMON.
N'est-il pas à present?...

DAVE.
Il est dans le logis.

SIMON.
Je m'en vais le trouver, cette affaire le touche.
Il faut de tout cecy l'instruire par ma bouche.

SCENE VI.

DAVE seul.

Où suis-je? Où vais-je? Helas! quel destin est le mien?
Je ne me connois plus, & je suis moins que rien.
Ne pourray-je obtenir, par grace singuliere,
Qu'on me jette dans l'eau la tête la premiere?
Je l'entreprendrois bien: mais malheureux en tout,
J'y ferois mes efforts sans en venir à bout.
Quelque mauvais Demon, par quelque diablerie,
Me retiendroit en l'air pour conserver ma vie.
Que deviendray-je donc? Je suis bien avancé!
J'ay tout perdu, broüillé, j'ay tout bouleversé.
Sans en tirer de fruit, j'ay trompé mon vieux maître,
Dans ces nopces enfin qui ne devoient point être,
Miserable, j'embarque & j'engage son fils,

E i

Malgré tous ses conseils que je n'ay point suivis,
Si je puis revenir du danger qui me presse,
Je fais vœu desormais à la sainte paresse,
De chercher le repos & la tranquillité
Au fonds de la molesse & de l'oisiveté.
Pour lors, je passeray sans trouble, sans affaire,
La nuit à bien dormir, le jour à ne rien faire.
Finesse, ruse, fourbe, adresse, activité,
Ces merveilleux talens que m'ont-ils rapporté ?
Si j'eusse demeuré dans une paix profonde,
Pamphile, nous serions les plus heureux du monde.
Ah ! je le vois. Grands Dieux ! c'en est fait, & je crois
Qu'il me va voir icy pour la derniere fois.

SCENE VII.

DAVE, PAMPHILE.

PAMPHILE.

Ou trouveray-je donc ce scelerat, ce traître ?
           DAVE à part.
Je me meurs.
           PAMPHILE.
           A mes yeux osera-t-il paroître ?
Des rigueurs du destin je n'ose murmurer.
Des conseils d'un maraut que pouvois-je esperer ?
Mais il partagera le tourment que j'endure.
           DAVE à part.
Si je puis échapper d'une telle avanture,
Je ne dois desormais plus craindre pour mes jours.
           PAMPHILE.
Que diray-je à mon Pere ? Il n'est plus de secours.

COMEDIE.

Moy qui luy paroissois remply d'obeïssance,
De changer à ses yeux auray-je l'insolence ?
Que faire ? Je ne sçais.

DAVE.

Ny moy, de par les Dieux ;
Et cependant en vain j'y rêve de mon mieux.

PAMPHILE.

Ah, c'est vous ?

DAVE.

Il me voit.

PAMPHILE.

Effronté, miserable ?
Eh bien ? où me reduit ton conseil detestable ?
Dans quel abîme affreux....

DAVE.

Je vous en tireray.

PAMPHILE.

Tu m'en retireras ?

DAVE.

Ou bien j'y periray.

PAMPHILE.

Ouy, comme tu l'as fait, double chien, tout à l'heure.

DAVE.

Non, je m'y prendray mieux, Pamphile, que je meure.

PAMPHILE.

Quoy donc ? je me fierois encore à toy, Boureau,
A toy, qui m'as tendu cet horrible panneau ?
Ne t'avois-je pas dit qu'il valoit mieux se taire ?

DAVE.

Ouy, vous me l'aviez dit.

PAMPHILE.

Que te faut-il donc faire ?

DAVE.

Me pendre. Mais avant cette execution,
Donnez-moy quelque temps pour la reflexion.

L'ANDRIENNE,

Il ne faut qu'un moment pour nous tirer d'affaire.
PAMPHILE.
Non, je n'entens plus rien qui ne me defefpere.
Infame, tu peux bien t'apprêter à mourir.
Mais je veux'y rêver pour te faire fouffrir.

SCENE VIII.

PAMPHILE, DAVE, CARIN.

CARIN.

Ose-t-on le penfer ? Oferoit-on le croire ?
Peut-on executer une action fi noire ?
PAMPHILE.
Je fuis au defefpoir, Carin. Ce malheureux,
En voulant nous fervir, nous a perdus tous deux.
CARIN.
En voulant nous fervir ! le pretexte eft honnête.
PAMPHILE.
Comment ?
CARIN.
A ces difcours croit-on que je m'arrête?
PAMPHILE.
Que veut dire cecy ?
CARIN.
Mon malheureux amour
A fait un changement bien cruel en un jour.
Vous abandonnez donc cette pauvre Andrienne ?
Helas ! je vous croyois l'ame comme la mienne.
PAMPHILE.
Cela n'eft point ainfi, vous dis-je, croyez-moy.

COMEDIE.

CARIN.
Le plaisir n'étoit pas assez grand, je le voy,
Si vous ne me flattiez d'une fausse esperance.
Epousez Philumene.

PAMPHILE.
Une vaine apparence
Vous abuse, Carin. Vous ne comprenez pas
Que c'est ce malheureux qui fait notre embarras.
Il devient mon boureau. Mes interests, les vôtres...

CARIN.
Vous traite-t-il plus mal que vous traitez les autres ?

PAMPHILE.
Si vous me connoissiez, ou l'amour que je sens,
Je vous verrois bien-tôt changer de sentimens.

CARIN.
Ah ! je vois ce que c'est ! Malgré l'ordre d'un pere,
Malgré tous ces discours & toute sa colere,
Il n'a pu vous contraindre enfin à l'épouser.

PAMPHILE.
Ecoutez, un moment vous va desabuser.
On ne me forçoit point de prendre Philumene.

CARIN.
Et vous la prenez donc pour joüir de ma peine ?

PAMPHILE.
Attendez.

CARIN.
Mais enfin l'épousez-vous, ou non ?

PAMPHILE.
Vous me faites mourir. Ce méchant, ce fripon
M'a tant prié, pressé d'aller dire à mon pere
Qu'en tout absolument je voulois luy complaire,
Qu'il a fallu ceder aprés un long debat.

CARIN.
Qui vous l'a conseillé ?

PAMPHILE.
Ce chien, ce scelerat.
CARIN.
Dave?
PAMPHILE.
Dave a tout fait.
CARIN.
Et pourquoy?
PAMPHILE.
Je l'ignore.
CARIN.
Dave, as-tu fait cela?
DAVE.
Je l'ay fait.
CARIN.
Ciel! encore!
Eh quoy? Le plus mortel de tous ses ennemis
Pouvoit-il inventer quelque chose de pis?
DAVE.
Je me suis abusé, Monsieur, je vous l'avoüe.
Ainsi de nos projets la fortune se joüe.
Je ne suis pourtant point tout à fait abbatu.
Laissez-moy respirer.
PAMPHILE.
Et bien, que feras-tu?
Parle vîte, il est temps.
DAVE.
Ce que je me propose
Pourroit déja donner un grand branfle à la chose.
PAMPHILE.
Enfin nous diras-tu...
DAVE.
Je n'ay pas commencé.
Il faut me pardonner d'abord, tout le passé.

COMEDIE.
GARIN.
Soit.
PAMPHILE.
Ah, si je remets en ses mains ma fortune,
Je seray marié quatre fois au lieu d'une.
DAVE.
Je le tiens. C'en est fait nous serons tous contens,
Vous entendrez parler de moy dans peu de temps.
PAMPHILE.
Quoy ? vous ne sçaurons point ?...
DAVE.
Allez, laissez-moy faire.
Je veux avoir moy seul l'honneur de cette affaire.
Si je ne reüssis selon votre desir,
Vous me pendrez aprés tout à votre loisir.
PAMPHILE.
Remets-nous dans l'état où nous étions.
DAVE.
J'enrage.
Allez, je vous repons d'en faire davantage.

Fin du troisiéme Acte.

ACTE IV.
SCENE PREMIERE.

MISIS.

AH Ciel ! qui vit jamais un tel empreſſement ?
Allez, ſoyez icy dans le même moment,
Marchez, courez, volez, faites toute la Ville,
Et ne revenez pas ſans amener Pamphile.
Cet ordre me paroît tres-facile à donner :
Mais pour l'executer, de quel côté tourner ?
Dave vient à propos ; il nous dira peut-être
Ce que dit, ce que fait, où ſe cache ſon maître.

SCENE II.

MISIS, DAVE.

MISIS.

PAmphile veut-il donc la mettre au deſeſpoir ?
Peut-elle ſans mourir être un jour ſans le voir ?

DAVE.

Miſis, ma chere enfant, en un mot comme en mille,
C'en eſt fait, pour le coup il n'eſt plus de Pamphile.

MISIS.

Qu'eſt-il donc arrivé ?

DAVE.

COMEDIE.

DAVE.
C'est un traître, un ingrat,
Un imposteur, un fourbe, un lâche, un scelerat.

MISIS.
Abandonneroit-il la pauvre Glicerie ?

DAVE.
Il l'abandonne.

MISIS.
Ah Ciel !

DAVE.
Ce soir on le marie.

MISIS.
Glicerie en mourra.

DAVE.
Moy, j'en suis presque mort.

MISIS.
Quoy donc ? y consent-t-il ?

DAVE.
Il y consent tres-fort.

MISIS.
Dave, tu t'es trompé, cela n'est pas croyable.

DAVE.
Je ne t'ay jamais dit rien de plus veritable.

MISIS.
Et les Dieux permettront qu'une telle action ?..

DAVE.
Ce n'est pas de cela dont il est question.

MISIS.
Pour le punir est-il une assez rude peine ?

DAVE.
Non.

MISIS.
Il aura le front d'épouser Philumene ?

DAVE.
Ouy.

F

MISIS.
Malgré ses sermens, son honneur, son amour?
DAVE.
C'est ce que je luy dis.
MISIS.
Eh bien ?
DAVE.
Point de retour.
MISIS.
Et que te répond-il ?
DAVE.
Planté comme une idole,
Il n'ose proferer une seule parole.
MISIS.
Il ne te parle point ?
DAVE.
Il est comme un beneft.
Et m'entend, sans souffler, dire ce qui me plaît.
MISIS.
Pas un mot !
DAVE.
Pas un mot.
MISIS.
Allons voir Glicerie.
DAVE.
Ma chere enfant, Simon n'entend point raillerie.
Je n'en ay que trop fait ; je viens vous avertir....
Bon Dieu ! si de chez vous on me voyoit sortir....
MISIS.
Et tu me parles bien au milieu de la ruë ?
DAVE.
Je puis dire que c'est une chose imprevûë.
MISIS.
Ne t'écarte donc pas, je reviens.
DAVE.
Je t'attens.

SCENE III.

CRITON, DAVE.

CRITON.

PErdray-je à la chercher bien des pas & du temps?
DAVE.
Voicy quelque Etranger.
CRITON.
Ouy, c'est dans cette place.
DAVE.
A qui donc en veut-il?
CRITON.
Me ferez-vous la grace
De vouloir, s'il vous plaît, m'enseigner le logis
De Glicerie, ou bien de la sœur de Chrysis?
DAVE.
Vous voila maintenant, Monsieur, devant sa porte.
Pour Chrysis, vous sçavez…
CRITON.
Ouy, je sçais qu'elle est morte.
Vous la connoissiez donc?
DAVE.
Si je la connoissois?
J'étois son serviteur, Monsieur, & l'honorois
Comme elle meritoit.
CRITON.
Elle étoit Andrienne.
DAVE.
Je le sçais.

F ij

CRITON.

Et de plus ma cousine germaine;
Et je viens tout exprés prendre possession
De ce qui m'appartient de sa succession :
Car j'ay lieu d'esperer que déja Glicerie,
Renduë heureusement au sein de sa Patrie,
A recouvré son bien & ses parens aussi.

DAVE.

Elle est comme elle étoit en arrivant icy,
Sans parens, & sans bien, Monsieur, je vous le jure.

CRITON.

Ah ! que j'en suis fâché ! La pauvre creature !
Si j'eusse sçû cela, loin de partir d'Andros,
J'y serois demeuré chez moy bien en repos.
Tout le monde la croit la sœur de ma parente,
Sous ce titre elle a pris & le fonds & la rente.
Etranger moy, que j'aille intenter un procés,
Je n'en dois esperer qu'un malheureux succés.
Glicerie est fort jeune, elle doit être belle :
Tous ses amants iront soliciter pour elle ;
Ils diront que je suis un fourbe, un affronteur,
Qui n'ayant aucun bien vient usurper le leur.
Quand toutes ces raisons ne seroient pas valables,
Ne doit-on pas toujours aider les miserables ?

DAVE.

Oh, par ma foy, Monsieur, dont j'ignore le nom...

CRITON.

Eh bien, mon cher enfant, on m'appelle Criton.

DAVE.

Monsieur Criton donc soit, un aussi galant homme
Ne se trouveroit pas d'Athenes jusqu'à Rome.

CRITON.

Je vous suis obligé de ces bons sentimens.

DAVE.

Ce ne sont point icy de mauvais complimens.

COMEDIE.
CRITON.
Vous m'avez bien instruit, je vous en remercie ;
Et dans un autre esprit je vais voir Glicerie.
DAVE.
Eh, la voila qui sort, la pauvre femme.
CRITON.
Helas !

SCENE IV.
CRITON, DAVE, GLICERIE, MISIS, Esclaves.

GLICERIE.
O Ciel ! je vois Criton !
DAVE.
Elle vous tend les bras.
CRITON.
C'est vous, ma chere enfant ?
GLICERIE.
C'est cette infortunée,
Aux rigueurs des destins toujours abandonnée.
CRITON.
Ah ! que le Ciel icy me conduit à propos !
Allons, ne tardons point, retournons voir Andros.
Tous mes enfans sont morts, je n'ay plus de famille.
Venez, vous y serez comme ma propre fille.
Quel pitoyable état ! Les yeux baignez de pleurs,
Languissante, abbatuë.
GLICERIE.
Ah, Criton ! je me meurs.

F iij

CRITON.

Pourquoy vous levez-vous ?

GLICERIE.

Une importante affaire
M'oblige de sortir, je ne tarderay guere.
Conduisez-le, Arquillis, dans mon appartement.
Reposez-vous, je suis à vous dans un moment.

CRITON.

Qu'un destin plus heureux vous guide, & vous con-
duise,
Et qu'en tous vos desseins le Ciel vous favorise.

SCENE V.

GLICERIE, MISIS, DAVE.

GLICERIE.

Dave, tu vois l'état où Crysis me reduit.
De ce beau mariage enfin voila le fruit.
Car il n'est que trop vray, Pamphile m'abandonne.

DAVE.

Je ne le comprens pas.

GLICERIE

Et pour moy, je m'étonne,
Vû le peu que je vaux, que mes foibles appas
Ayent pu le retenir si long-temps dans mes bras.
Son amour fut l'effet d'un aveugle caprice ;
A mon peu de merite il a rendu justice.
Sans parens, sans amis, sans naissance, sans bien,
Je n'ay pas dû pretendre un cœur comme le sien.
Fuyons l'éclat, sans bruit rompons ce mariage.
A des égards au moins ma tendresse l'engage,
En tout soumise aux loix qu'il voudra m'imposer...

COMEDIE.
DAVE.
A ces visions-là faut-il vous amuser ?
Ouy da, dans un roman ce discours, avec grace,
Ingenieusement pourroit trouver sa place :
Mais les contes en l'air ne sont plus de saison.
Il faut parler, Madame, & sur autre ton.
MISIS.
Ne vous abusez plus, laissez-là ces chimeres,
Et serieusement pensez à vos affaires.
GLICERIE.
Je ne puis plus long-temps supporter mon ennuy,
Le Ciel me rend Criton, & je pars avec luy.
Il faut loin de ces lieux chercher une retraite,
Et pleurer à loisir la faute que j'ay faite.
DAVE.
Prête à perdre l'époux qu'on veut vous arracher,
Quoy ? vous ne ferez pas un pas pour l'empêcher ?
MISIS.
Avant que de quitter ces objets de colere,
Il nous reste en ces lieux bien des choses à faire.
GLICERIE.
Helas ! que puis-je encor ?
DAVE.
    Vous taire, m'écouter,
Recevoir mes conseils, & les executer.
MISIS.
Employer hardiment & l'honnête & l'utile,
Afin de conserver votre honneur, & Pamphile.
GLICERIE.
Helas ! aprés des soins inutilement pris,
Je ne remporteray que honte & que mépris.
MISIS.
Si rien ne reüssit, si tout nous desespere,
Nous ferons enrager le pere, le beau-pere,
La bru, le gendre encore ; & sans autre façon,

Il faut les aller tous brûler dans leur maison.
Allez, de ce projet laissez-moy la conduite.
Songeons à nous vanger, nous partirons ensuite.
GLICERIE.
De semblables discours augmentent mes ennuis,
Et ne conviennent point à l'état où je suis.
DAVE.
Mais, Madame, en un mot, que pretendez-vous faire?
GLICERIE.
Fuïr, pleurer, & cacher ma honte & ma misere.
DAVE.
Prenez des sentimens plus justes & plus doux.
Eh de grace, une fois, Madame, écoutez-nous.
MISIS à Glicerie qui tourne la tête.
Mais écoutez-le, au moins. Pour moy, je vous admire.
GLICERIE.
Eh quoy? Ne sçai-je pas tout ce qu'il me veut dire?
DAVE.
Ah, juste Ciel!
GLICERIE.
Il veut que je parle à Simon,
Et que j'aille à ses pieds luy demander...
DAVE.
Eh, non.
Il s'en faut bien garder. C'est à Chremés, Madame,
Que vous devez ouvrir votre cœur & votre ame;
Le porter, l'exciter à la compassion,
De Pamphile avec vous declarer l'union,
Et luy dire sur-tout, mais qu'il vous en souvienne,
Que tres-certainement vous êtes Citoyenne.
Conjurez-le, pressez-le, embrassez ses genoux,
Demandez-luy s'il veut vous ôter votre époux;
Du saint nœud qui vous joint faites-luy voir le gage,
Et de frequents soupirs ornez votre langage.
Si vous vous y prenez de la sorte, soudain..

COMEDIE.

Vous luy ferez tomber les armes de la main;
Pour la troisiéme fois il rompra cette affaire,
Et sera prêt luy-même à vous servir de pere.
GLICERIE.
Je veux bien me soumettre encore à tes avis,
Dave, de point en point tu les verras suivis.
Mais si le sort se montre à mes desirs contraire,
Dés demain je m'impose un exil volontaire.
DAVE.
Allez, tout ira bien, ouy, je vous le promets,
Et mes pressentimens ne me trompent jamais.
Le foudre menaçant gronde sur notre tête :
Mais le calme toujours succede à la tempête.
Pour plus d'une raison il est bon qu'en ce lieu
On ne nous trouve point tous trois ensemble. Adieu.

SCENE VI.
GLICERIE, MISIS.
GLICERIE.
Soulage mes douleurs, Ciel, je te le demande.
MISIS.
Retenez bien cela, mais que Chremés l'entende.
Allons-nous en chez luy, point de retardement.
GLICERIE.
Ah ! du moins laisse-moy respirer un moment.
MISIS.
Songez à vous tirer d'un embarras funeste.
Il faut pour respirer avoir du temps de reste.
GLICERIE.
Ne prens-tu point pitié de l'état où je suis ?

Misis, croy moy, je fais bien plus que je ne puis.
MISIS.
Là, ne nous fâchons point : mais dites moy de grace,
Serons-nous tout le jour dans cette même place ?
GLICERIE.
Ça, donne-moy la main, allons, Misis. Grands
   Dieux !
Sur l'excés de mes maux daignez jetter les yeux.
Ah, Misis ! que je crains ! On ouvre cette porte.
MISIS.
Vous craignez ?
GLICERIE.
Que Simon ou ne rentre ou ne sorte.
MISIS.
Eh ! laissons-le rentrer ou sortir, & passons.
GLICERIE.
Ah, ma chere Misis, un instant, demeurons.

SCENE VII.

SIMON, GLICERIE, MISIS, SOSIE.

SIMON.

Allez, ne tardez pas, dépêchez-vous, Sosie,
Amenez Philumene & Chremés, je vous prie.
Dites-luy qu'on l'attend avec empressement. *Sosie sort.*
GLICERIE.
O Ciel ! quel coup de foudre, & quel triste moment !
Tous mes sens sont troublez, & je sens que mon ame...
DAVE *qui ne fait que passer.*
Allons, préparez-vous, voicy Chremés, Madame.

COMEDIE.

SCENE VIII.
GLICERIE, MISIS, CHREME'S.

MISIS.

VOus hesitez ? Il n'est plus temps de reculer.
Le sort en est jetté, Madame, il faut parler.
Il vient. De votre cœur qu'il voye les allarmes.
Jettez-vous à ses pieds, baignez-les de vos larmes.
GLICERIE.
Permettez-moy, Monsieur, d'embrasser vos genoux,
Et de vous demander....
CHREME'S.
Madame, levez-vous.
GLICERIE.
Laissez-moy, cet état convient à ma disgrace.
CHREME'S.
Madame, levez-vous, ou je quitte la place.
GLICERIE.
Il faut vous obeïr, puisque vous le voulez.
CHREME'S.
Ça, de quoy s'agit-il ? Je vous entens, parlez.
GLICERIE.
Pamphile qui doit être aujourd'huy votre gendre...
CHREME'S.
Et bien ?
GLICERIE.
C'est mon époux.
CHREME'S.
Que venez-vous m'apprendre ?

L'ANDRIENNE,
GLICERIE *en montrant son Contract de mariage.*
Tenez, lisez, voila les gages de sa foy.
De plus, j'ay pour témoins les Dieux, Misis, & moy.
Vous en qui je crois voir un protecteur, un pere,
Ne m'abandonnez pas à toute ma misere.
En m'ôtant mon époux, vous me donnez la mort.
Vous pouvez d'un seul mot faire changer mon sort.
C'est donc entre vos mains qu'aujourd'huy je confie
Mon repos, mon honneur, ma fortune, & ma vie.

CHREME'S.
Que veut dire cecy ? Je tremble, & dans mon cœur
Un secret mouvement me parle en sa faveur.

SCENE IX.

GLICERIE, CHREMES, MISIS, DAVE.

DAVE.

EH, Messieurs les nigauts ! eh bien, c'est un homme yvre.
Pourquoy le harceler ? cessez de le poursuivre.
Peste soit des benests ! Ah, Mesdames, c'est vous?
Vous pourriez apporter du trouble parmy nous.
Détalez promptement. Vite, qu'on se retire.

GLICERIE.
Misis, entendez-vous ce qu'il ose me dire ?

MISIS *à Dave.*
Songes-tu bien, pendart...

DAVE.
Ces cris sont superflus.
Rendez-

COMEDIE.

Rendez-moy ce Contract, & qu'on n'en parle plus.
MISIS.
Il rêve, il extravague.
DAVE.
Un pareil mariage
Eſt, vous le ſçavez bien, un conte, un badinage.
D'ailleurs, vous gagnerez dans un tel changement.
Vous perdrez un époux conſervant un amant.
Pamphile vous verra ſans crainte, ſans myſtere,
Lorſque…
CHREME'S *à part.*
Je m'embarquois dans une belle affaire!
DAVE.
Qu'entens-je?
CHREME'S.
Ah, juſte Ciel! quel horrible malheur!
DAVE.
Je ne me trompe point. Eh quoy, c'eſt vous, Monſieur?
Mais que faites vous donc avec cette Andrienne?
Bon Dieu! de l'écouter vous donnez-vous la peine?
GLICERIE.
Quoy? toy-même, méchant, pour ſeduire mon cœur…
DAVE.
Que vient-elle conter?
MISIS.
Le Fourbe! l'impoſteur!
DAVE.
N'a-t-elle pas juré qu'elle étoit citoyenne?
GLICERIE.
Ouy je le ſuis.
DAVE *à Chremés.*
Pour peu qu'elle vous entretienne,
Elle vous en dira de toutes les façons.
Mais vous prenez cela pour autant de chanſons.

D

CHREMES.
Le Contract que voicy, n'est pas une chimere.
DAVE.
Il est vray, mais enfin ce n'est pas une affaire.
En deux heures au plus on casse tout cela.
CHREMES.
Mais qu'ay-je affaire moy, de cet embarras-là?
DAVE.
Vous imaginez-vous qu'elle soit citoyenne?
CHREMES.
Qu'elle la soit ou non, ma fille Philumene
N'aura point pour époux Pamphile, & je m'en vais.
DAVE.
Mais vous ny songez pas?
CHREMES.
     Il ne l'aura jamais.
DAVE.
Ah, Monsieur!
CHREMES.
C'en est trop.
DAVE.
    Ecoutez. Je vous nie.
CHREMES.
Retire-toy, te dis-je, & sans ceremonie.
DAVE.
Quoy vous voulez encor?
CHREMES.
     Je veux ce qui me plaît.
DAVE.
Mais vous ne sçavez pas la chose comme elle est.
CHREMES.
Ah! je n'en sçais que trop.
DAVE.
    Que je vous parle.

CHREMES.

Arrête;
Ou bien de ce bâton je te casse la tête.

DAVE.

Tuez-moy.

CHREMES.

Ce maraut veut me pousser à bout.

DAVE.

Allez où vous voudrez, je vous suivray par-tout.

SCENE X.

GLICERIE, MISIS.

GLICERIE.

DE tous les malheureux, non, le plus misérable
N'a jamais éprouvé d'infortune semblable.
Quoy, Misis? je me vois, & dans un même jour,
Trahir, persecuter, insulter tour à tour.
Au milieu de mes maux j'ay souffert sans colere
La trahison du fils & l'injure du pere;
J'ay demeuré muette à toutes mes douleurs:
Un Esclave à present me fait verser des pleurs.

SCENE XI.

GLICERIE, MISIS, PAMPHILE, DAVE.

PAMPHILE.

AH, fuyons. Puisque Dave a trompé mon attente,
C'est ma seule ressource, il faut que je la tente.
GLICERIE.
Quel sort !

DAVE.
Puisqu'en vers nous le Ciel est adoucy,
Retournons, & voyons ce qui se passe icy.
PAMPHILE à *Glicerie.*
Quoy c'est vous ?
GLICERIE.
A mes yeux, ingrat, peux-tu paroître ?
MISIS à *Dave.*
Ah te voila, boureau ! je t'étrangleray, traître.
GLICERIE à *Pamphile.*
Lâche !

PAMPHILE.
Qu'injustement vous soupçonnez mon cœur !
MISIS à *Dave.*
Chien !

DAVE.
Moy qui deviens votre liberateur !
GLICERIE à *Pamphile.*
Va, monstre.
PAMPHILE.
Y songez-vous, ma chere Glicerie ?

COMEDIE.
MISIS à Dave.

Je te veux...

DAVE à Misis qui se veut jetter sur luy.
   Arrestez, Madame la furie.
Nous n'avons pas le temps de quereller en vain.
Remettons, s'il vous plaît, les procés à demain.
Pour vous servir tous deux, j'ay fait une imposture.
(A Pamphile) J'ay dit que vous étiez un ingrat,
 un parjure :
(A Glicerie) Devant Chremés aussi je viens de l'in-
 sulter,
La fourbe sans cela ne pouvoit subsister.

MISIS.
Maraut, tu nous as fait une frayeur mortelle.

DAVE.
La chose en a paru beaucoup plus naturelle.
Chacun de vous a fait son rôlle, mais fort bien ;
Et je crois que l'on doit être content du mien.
Aprés bien des travaux, des soins, & de la peine
Je crois que nous aurons le temps de prendre haleine.

PAMPHILE.
Dy-nous donc....

DAVE.
   Les discours ne sont pas de saison.
Rentrons tous, vous sçaurez le reste à la maison.

Fin du quatriéme Acte.

ACTE V.

SCENE PREMIERE.

SIMON, CHREMES.

CHREMES.

MON amitié, Simon, & solide & sincere,
En a fait beaucoup plus qu'il n'étoit necessaire;
Pour le bien de ma fille enfin, graces aux Dieux,
Le hazard assez-tôt m'a fait ouvrir les yeux.
Ne me parlez donc plus d'himen de votre vie.

SIMON.

Je ne cesseray point, Chremés, je vous supplie
De conclure au plûtôt ; vous me l'avez promis.

CHREMES.

En verité, Monsieur, cela n'est pas permis.
A l'injuste desir, au soin qui vous possede,
Aveuglément soumis il faudra que je cede ?
Sous les dehors trompeurs d'une vaine amitié,
Vous viendrez m'égorger sans égards, sans pitié ?
Allez, pensez-y mieux. L'amitié qui nous lie,
De moy n'exige point une telle folie.

SIMON.

Eh comment donc ?

CHREMES.

   Cela se peut-il demander ?
A vos empressemens obligé de ceder,

Je prenois pour mon gendre, oh le beau mariage !
Un homme que l'on sçait qu'un autre amour engage;
Et j'expoſois ma fille à toutes les douleurs,
Aux troubles, au divorce, à mille autres malheurs;
Et voulant retirer votre fils de l'abime,
Ma fille en devenoit l'innocente victime.
A la choſe, en un mot, je n'ay point reſiſté,
Tant que j'ay cru la voir par un certain côté.
Je vous ay tout promis, quand elle étoit faiſable;
Mais enfin aujourd'huy qu'elle eſt impraticable,
Ne perdez plus le temps en propos ſuperflus;
C'eſt trop, épargnez-vous la honte d'un refus.
Cette femme, bien plus, eſt, dit-on, citoyenne.
SIMON.
Eſt ce là, dites-moy, ce qui vous met en peine ?
Quoy ? vous arrêtez-vous à de pareils diſcours ?
De ces ſortes de gens voila tous les détours.
Elles ont inventé cette fourbe, & bien d'autres,
Pour rompre abſolument mes deſſeins & les vôtres.
Si Philumene étoit liée avec mon fils,
Tous ces contes en l'air ſeroient bientôt finis.
CHREME'S.
Il a, vous le ſçavez, épouſé Glicerie.
SIMON.
Ah, ne le croyez pas, Monſieur, je vous en prie.
CHREME'S.
Mais j'ay veu le Contract.
SIMON.
Viſion !
CHREME'S.
Je l'ay vû.
SIMON.
Cela ne ſe peut point, elles vous ont déçû.
CHREME'S.
J'ay bien vû plus encor. Tantôt cette Andrienne

L'ANDRIENNE,
A Dave soutenoit qu'elle étoit citoyenne,
Ils se sont querellez, mais vrayment, tout de bon.
SIMON.
Chanson que tout cela, mon cher Chremés, chansons

SCENE II.

SIMON, CHREMES, DAVE.

DAVE *sans voir Simon, ny Chremés.*

Soyez tous en repos, allez, je vous l'ordonne.
CHREMES.
Dave sort de chez elle.
SIMON.
Ah bons Dieux !
CHREMES.
Je m'étonne...
DAVE
Et benissez les Dieux, cet Etranger, & moy.
SIMON.
Je ne puis vous cacher mon trouble & mon effroy.
DAVE
Jamais homme revint plus à propos, je meure.
SIMON.
Qui vante-t-il si fort ? Sachons-le tout à l'heure.
DAVE
Entre leurs jours heureux qu'ils comptent celuy-cy.
SIMON.
Je m'en vais luy parler.
DAVE
C'est mon maître, c'est luy.

COMEDIE.

Il m'aura vû fortir. Dans quelle peine extrême...
SIMON.
C'est vous, le beau garçon !
DAVE.
Ouy, Monsieur, c'est moy-même.
Voila Chremés encore, & je vous vois aussi.
Je me rejoüis fort de vous trouver icy.
Tout est prêt là-dedans.
SIMON.
Tu t'en mets fort en peine !
DAVE.
Dans tous les environs, Monsieur, je me promene.
Mais à la fin lassé d'aller & de venir,
J'attendois... Entrez donc. Ne va t'on pas finir ?
SIMON.
Va va, nous finirons. Mais dy-moy par avance...
DAVE.
En verité, Monsieur, j'en meurs d'impatience.
SIMON.
Repond-moy sur le champ, point de digression,
Tu sors de ce logis ? A quelle occasion ?
DAVE.
Moy ?
SIMON.
Toy.
DAVE.
Moy ?
SIMON.
Toy, toy, toy. Voila bien du mystere !
DAVE.
Je n'y fais que d'entrer.
SIMON.
Ce n'est pas là l'affaire.
Le temps ne nous fait rien. Je veux sçavoir pourquoy
Tu vas dans ce logis. Sans tarder dy-le-moy.

L'ANDRIENNE,

DAVE.
Mais moy-même, Monsieur, j'ay peine à le comprendre.

SIMON.
Eh bien?

DAVE.
Nous étions las & fatiguez d'attendre.

SIMON.
Qui?

DAVE.
Votre fils & moy.

SIMON.
Pamphile est là-dedans?

DAVE.
Nous y sommes entrez tous deux en même-temps.

SIMON.
Que me dit ce maraut? Ah juste Ciel! je tremble.
Ne m'avois-tu pas dit qu'ils étoient mal ensemble?

DAVE.
Je vous le dis encore.

SIMON.
Et pourquoy donc cela?

CHREME'S.
C'est pour la quereller, sans doute, qu'il y va?

DAVE.
Vous ne sçavez pas tout, & je vais vous apprendre
Une chose qui doit sans doute vous surprendre.
Il arrive à l'instant je ne sçais quel vieillard,
Dont le port, la fierté, l'action, le regard
Nous l'a fait croire à tous un homme d'importance.
Il a beaucoup d'esprit, n'a pas moins d'éloquence,
Et dans tous ses discours brille la bonne foy.

SIMON.
Il me fera tourner la cervelle, je croy.
Mais enfin, ce vieillard que tout le monde admire,
Que fait-il?

COMEDIE.

DAVE.
Rien. Il dit ce que je vais vous dire.

SIMON.
Dy-le-nous donc.

DAVE.
Monsieur, il jure par les Dieux.

SIMON.
Eh laisse-le jurer ; acheve, malheureux.

DAVE.
Mais...

SIMON.
Si tu ne finis.

DAVE.
Il dit que Glicerie
Doit retrouver icy ses parens, sa patrie,
Et qu'elle est citoyenne enfin.

SIMON.
Ah, le fripon !
Hola, Dromon ?

DAVE.
Eh quoy ?

SIMON.
Dromon, Dromon, Drom

DAVE.
Ecoutez.

SIMON.
Pas un mot. Dromon ? Dromon ? Ah traître !

DAVE.
Eh de grace, Monsieur.

SIMON.
Je te feray connoître...

L'ANDRIENNE;

SCENE III.

SIMON, CHREME'S, DAVE, DROMON.

DROMON.

Que vous plaît-il, Monsieur?

SIMON.

Enleve ce faquin.

DROMON.

Qui donc?

SIMON.

Ce malheureux, ce pendart, ce coquin.

DAVE.

La raison?

SIMON.

Je le veux, pren-le tout au plus vîte.

DAVE.

Quay-je fait, s'il vous plaît?

SIMON.

Tu le sçauras ensuite.

DAVE.

Si je vous ay menty, qu'on m'étrangle.

SIMON.

Maraut,
Je suis sourd, tu seras secoué comme il faut.

DAVE.

Et si ce que j'ay dit se trouve veritable?...

SIMON à Dromon.

Garde, & serre-moy bien cet engeance du diable,

Pieds

Pieds & poings garottez.
DAVE.
Mon cher maître ! pardon.
SIMON.
Va, va, je t'apprendray si je le suis ou non.

SCENE IV.
SIMON, CHREM'ES.

SIMON.

ET pour Monsieur mon fils, dans peu de temps j'espere
Que je luy montreray ce qu'on doit à son pere.
CHREM'ES.
Moderez vos transports, un peu moins de courroux.
SIMON.
En use-t-on ainsi ? Je m'en rapporte à vous.
Pour sçavoir, pour sentir mon affreuse disgrace,
Helas ! il faudroit être un moment à ma place.
Tant de peines, de soins, d'égards & d'amitié !
De mon sort malheureux n'avez-vous point pitié ?
Hola, Pamphile, hola ? Pamphile, hola, Pamphile ?
Tant d'éducation luy devient inutile !

SCENE V.
SIMON, CHREME'S, PAMPHILE.

PAMPHILE.

Pourquoy donc tant crier ? qui m'appelle si fort ?
Que me veut-on ? Mon Pere ! Ah, bons Dieux !
je suis mort.
SIMON.
Eh bien, le plus méchant…
CHREME'S.
Mon cher Simon, de grace
N'employez point icy l'injure & la menace.
SIMON.
Eh quoy, me faudra-t-il dans ces occasions
Chercher, choisir des mots & des expressions ?
En'est-il d'assez forts ? Enfin, ton Andrienne,
Qu'en dit-on à present ? Est-elle citoyenne ?
PAMPHILE.
On le dit.
SIMON.
Juste Ciel ! quelle audace ! On le dit !
Eh quoy ? Le malheureux a-t-il perdu l'esprit ?
S'excuse-t-il enfin ? Voit-on sur son visage
D'un leger repentir le moindre temoignage ?
Malgré les loix, les mœurs, contre ma volonté,
Il aura l'insolence & la temerité
D'épouser avec honte une femme étrangere ?
PAMPHILE.
Que je suis malheureux !

COMEDIE.

SIMON.
Vous ne pouvez le taire.
Mais est-ce d'aujourd'huy que vous le connoissez ?
Vous l'êtes dés long-temps plus que vous ne pensez.
Dés-lors que votre cœur s'est plongé dans le vice,
Qu'il n'a plus écouté qu'un aveugle caprice,
Dés ce temps, dés ce temps, Pamphile, vous deviez
Vous donner tous les noms qu'alors vous meritiez.
Mais pourquoy vainement travailler ma vieillesse ?
Pourquoy pour un ingrat me tourmenter sans cesse ?
Qu'il s'en aille, qu'il vive avec elle, il le peut.
Il faut abandonner un fils lors qu'il le veut.

PAMPHILE.
Mon pere !

SIMON.
Votre pere ! Ah ! ce pere, Pamphile,
Ce pere desormais vous devient inutile !
Vous vous êtes choisy vous-même une maison;
Vous avez pris vous-même une femme. A quoy bon
Proferez-vous encor ce sacré nom de pere,
Vous qui n'avez plus d'yeux que pour cette Etrangere?
Vous qui prenez le soin, contre la bonne foy,
D'apposter un témoin pour agir contre moy ?
Qu'il nous montre comment il la croit citoyenne.

PAMPHILE.
Mon pere, un seul moment que je vous entretienne.

SIMON.
Eh que me dira-t-il ?

CHREME'S.
Ecoutez, il faut voir.

SIMON.
Que j'écoute ?

CHREME'S.
Monsieur, c'est le moindre devoir.

H ij

SIMON.
Par de trompeurs discours pense-t-il me surprendre?
CHREME'S.
Mais pour le condamner, au moins, faut-il l'entendre.
SIMON.
Eh bien soit, j'y consens, qu'il parle promptement.
PAMPHILE.
J'avoueray donc, mon pere, & sans déguisement,
Deussay-je être cent fois plus malheureux encore,
Qu'aprés vous, Glicerie est tout ce que j'adore;
Et si le crime est grand d'adorer ses appas,
C'est un crime qu'au moins je ne vous cache pas.
Aprés cela parlez, je n'ay plus rien à dire.
Ordonnez, à vos loix je suis prêt de souscrire.
Malgré des feux enfin dés-long-temps allumez,
Brisez les plus beaux nœuds que l'amour ait formez,
Je suis prêt, s'il le faut, d'en épouser une autre.
Je n'ay de volonté, mon pere, que la vôtre.
Mais une grace encor que j'ose demander,
Ne la refusez pas, daignez me l'accorder.
Pour détruire un soupçon que ce vieillard fait naître,
Permettez qu'à vos yeux on le fasse paroître.
SIMON.
Qu'il paroisse à mes yeux?
PAMPHILE.
Mon pere, s'il vous plaît.
CHREME'S.
Ce qu'il demande est juste; & pour son interêt
Il doit...
PAMPHILE.
Accordez-moy cette derniere grace.
SIMON.
Qu'il vienne.

SCENE VI.
SIMON, CHREMES.

SIMON.

JE fais tout ce qu'il veut que je fasse,
Pourveu que je sois seur qu'il ne me trompe pas.
CHREMES.
Monsieur, il faut sur-tout éviter les éclats ;
Et plus la faute est grande, & plus on doit se taire.
Punir legerement c'est assez pour un pere.

SCENE VII.
SIMON, CHREMES, PAMPHILE, CRITON.

CRITON.

GLicerie en un mot, ou plûtôt l'équité,
M'oblige à soutenir la simple verité.
CHREMES.
N'est-ce pas là Criton d'Andros ?
CRITON.
                Ouy, c'est luy-même.
CHREMES.
Quel plaisir de vous voir !

CRITON.
Ah ! ma joye est extrême.
CHREME'S.
Mais dans Athenes, vous, quel hazard vous conduit?
CRITON.
Plus à loisir, Monsieur, vous en serez instruit.
N'est-ce pas là Simon, le pere de Pamphile?
CHREME'S.
C'est luy-même.
SIMON.
Le bruit qu'on répand dans la ville,
Partiroit-il de vous? en seriez-vous l'auteur?
CRITON.
Je ne sçais pas quel bruit il court icy, Monsieur.
SIMON.
Quoy? n'avez-vous pas dit que cette Glicerie
Est citoyenne?
CRITON.
Oüy. J'en répons sur ma vie.
SIMON.
Arrivez-vous exprés pour soutenir cecy?
CRITON.
Comment donc? Et pour qui me prenez-vous icy?
SIMON.
Vous imaginez-vous que sans bruit, sans murmure,
On laissera passer une telle imposture?
Qu'il vous sera permis d'employer vos talens,
A corrompre l'esprit, les mœurs des jeunes gens,
Sous le flateur espoir d'une fausse promesse?
CRITON.
Juste Ciel! est-ce à moy que ce discours s'adresse?
SIMON.
Et vous figurez-vous qu'un mariage heureux
Soit le terme & le prix d'un amour si honteux?

COMEDIE.
PAMPHILE à part.
Grands Dieux ! cet Etranger aura-t-il le courage ?...
CHREME'S à Simon.
Vous changeriez bien-tôt de ton & de langage,
Si vous le connoissiez. Il est homme de bien,
Tout le monde le sçait.
SIMON.
Et moy, je n'en crois rien.
Quoy donc ? impunément ose-t-il dans Athenes
Renverser nos desseins, & rire de nos peines ?
A de semblables gens peut-on ajouter foy ?
PAMPHILE à part.
Ah ! si cet Etranger étoit proche de moy,
J'aurois à luy donner un conseil admirable.
SIMON à Criton.
Affronteur !
CRITON.
Ecoutez...
CHREME'S à Simon.
Estes-vous raisonnable ?
(A Criton) Ne vous attachez point à ce qu'il die,
Criton.
La colere l'aveugle, & trouble sa raison.
CRITON.
Et moy, je luy diray, s'il n'apprend à se taire,
Des choses seurement qui ne luy plairont guere.
S'il a tant de chagrins, qu'il accuse le sort :
Mais de s'en prendre à moy, certes, il a grand tort.
Je n'ay rien dit de faux, c'est icy la patrie
De celle que l'on nomme aujourd'huy Glicerie ;
Et je puis le prouver, & même en quatre mots.
CHREME'S.
Faites-le donc, Monsieur.
CRITON.
assez proche d'Andros,

Un vieux Athenien tourmenté par l'orage....
SIMON.
Ce vieux Athenien sans doute fit naufrage !
C'est le commencement d'un roman, écoutons.
CRITON.
Je ne diray plus mot.
CHREMES.
De grace, poursuivons.
CRITON.
Ce vieux Athenien, & cette jeune fille,
Du pere de Chrysis, de toute sa famille
Reçûrent les secours qu'on doit aux malheureux,
L'Athenien mourut, l'enfant resta chez eux.
CHREMES.
De cet Athenien le nom ?...
CRITON.
Le nom, Pha...nie.
CHREMES.
Ah, Dieux !
CRITON.
Ouy, c'est son nom.
CHREMES.
Que j'ay l'ame saisie !
CRITON.
Bien plus, il se disoit, je crois, Rhamnusien.
CHREMES.
O Ciel !
CRITON.
Ce que je dis, tout Andros le sçait bien.
CHREMES.
De cette fille enfin se disoit-il le pere ?
CRITON.
Il disoit que c'étoit la fille de son frere.
CHREMES.
C'est ma fille, c'est elle, enfin donc la voila.

Ah, Jupiter !
SIMON.
Comment ? que me dites-vous là ?
PAMPHILE.
En croiray-je mes yeux, mon cœur, & mon oreille ?
SIMON.
Je ne fçais si je dors, je ne sçais si je veille.
Mais éclaircissez-nous, faites-nous concevoir....
CHREME'S.
En un instant, Monsieur, vous allez tout sçavoir.
Phanie...
SIMON.
Eh bien Phanie ?
CHREME'S.
Eh bien, c'étoit mon frere,
Qui cherchant un destin à ses vœux moins contraire,
S'embarqua pour aller en Asie où l'étois,
Prit ma fille avec luy, comme je souhaitois;
Et depuis en voicy la premiere nouvelle.
Je n'ay plus entendu parler de luy ny d'elle.
PAMPHILE.
Je ne puis revenir de mon étonnement.
Les Dieux changeroient-ils mon sort en un moment ?
CHREME'S.
Ce n'est pas encor tout, il me reste un scrupule.
Le nom ne convient pas.
CRITON.
Attendez....
PAMPHILE.
Pasibule.
Je ne puis plus long-temps demeurer aux abois;
Elle m'a dit ce nom plus de cent mille fois.
CRITON.
Justement, le voila.

CHREMÈS.

Mon cher Criton, c'est elle.

SIMON.

Vous voulez bien, Monsieur, que plein du même zele,
Plus content, plus surpris qu'on ne sçauroit penser...

CHREMÈS.

Allons, Criton, allons la voir & l'embrasser.
Monsieur, un long discours me feroit trop attendre.
Je vous donne une Bru, vous me donnez un Gendre,
Il suffit.

SCENE VIII.

SIMON, PAMPHILE.

PAMPHILE.

Mon cher pere!

SIMON.

Ah, mon fils, levez-vous,
Et benissez les Dieux qui travaillent pour nous.

PAMPHILE.

Mais Dave ne vient point.

SIMON.

Une importante affaire
Le retient.

PAMPHILE.

Et quoy donc?

SIMON.

Il est lié.

COMEDIE.
PAMPHILE.
Mon Pere !
SIMON.
Je vais à la maison, mais calmez vos transports.

SCENE IX.
PAMPHILE, CARIN.

PAMPHILE.

MOn Pere, j'y ferois d'inutiles efforts.
Non, les Dieux tout-puissans, dans leur gloire
  suprême,
N'ont rien de comparable à mon bonheur extrême.
CARIN à part.
Tout succederoit-il au gré de nos desirs ?
PAMPHILE.
A qui pourray-je donc annoncer mes plaisirs ?
CARIN.
Mais dites-moy d'où part une si grande joye ?
PAMPHILE.
Voicy Dave à propos que le Ciel me renvoye.
Je sçais combien pour moy son zele & son ardeur
luy feront partager ma joye & mon bonheur.

SCENE X.

PAMPHILE, CARIN, DAVE.

PAMPHILE.

DAve, je t'affranchis.

DAVE.
Monsieur, je vous rends grace.

PAMPHILE.
D'un injuste destin je brave ta menace.
Ignores-tu le bien qui vient de m'arriver ?

DAVE.
Ignorez-vous le mal que je viens d'éprouver ?

PAMPHILE.
Je le sçais, mon enfant.

DAVE.
Monsieur, c'est l'ordinaire.
Le mal se sçait d'abord, du bien on fait mystere.

PAMPHILE.
Ma chere Glicerie a trouvé ses parens.

DAVE.
Que dites-vous ?

PAMPHILE.
Je suis dans des ravissemens
Son pere est notre amy. Chrêmés.

DAVE.
Est-il possible ?

CARIN.
Que je vous marque au moins combien je suis sensi- (ble.

PAMPHILE.
Vous ne pouviez venir plus à propos, Monsieur.
Parta-

COMEDIE.

Partagez mes plaisirs, partagez mon bonheur.
CARIN.
Je sçais tout. Maintenant....
PAMPHILE.
Soyez en assurance.
Je ne vous donne point une vaine esperance.
CARIN.
Helas! si vous pouviez....
PAMPHILE.
Tous les Dieux sont pour moy.
Allons chez Glicerie, & nous verrons.... (*à Dave*)
Pour toy,
Va-t-en dans le logis, & revien pour me dire
Si tout est prêt, & quand je pourray l'y conduire.

✳✳✳✳✳✳✳✳✳✳✳✳✳✳✳✳✳✳✳✳✳✳

SCENE DERNIERE.
DAVE.

Pour vous, Messieurs, je crois ; & soit dit entre nous,
Qu'à present vous pouvez aller chacun chez vous.
Ils auront là-dedans beaucoup plus d'une affaire,
Des Contracts à passer, mille contes à faire ;
Ils ne sortiront pas, j'en reponds, de long-temps.
Faites donc retentir vos applaudissemens.

FIN.

APPROBATION.

J'AY lû par ordre de Monseigneur le Chancelier une *Traduction de l'Andrienne de Terence en vers François*, & je n'y ay rien trouvé qui doive en empêcher l'impression. A Paris ce 19. Janvier.

Signé POUCHARD.

PRIVILEGE DU ROY.

LOUIS par la grace de Dieu, Roy de France & de Navarre, à nos amez & feaux Conseillers, les Gens tenans nos Cours de Parlemens, Maîtres des Requêtes ordinaires de notre Hôtel, Grand-Conseil, Prevôt de Paris, Baillifs, Senéchaux, leurs Lieutenans Civils, & autres nos Justiciers qu'il appartiendra, Salut. PIERRE RIBOU Libraire à Paris, Nous ayant fait exposer qu'il auroit besoin de nos Lettres de Privilege pour l'impression de *l'Andrienne, Comedie de Terence, traduite en vers François par le sieur Baron*, s'il nous plaisoit luy accorder nos Lettres sur ce necessaires ; Nous avons permis & permettons par ces Presentes audit Ribou de faire imprimer ledit Livre en telle forme, marge, caractere, & autant de fois que bon luy semblera, & de le vendre & faire vendre par tout notre Royaume, pendant le temps de *quatre* années consecutives, à compter du jour de la datte desdites Presentes. Faisons défenses à toutes sortes de personnes de quelque qualité & condition qu'elles soient, d'en introduire, vendre ou distribuer d'impression étrangere dans aucun lieu de notre obeïssance, & à tous Imprimeurs-Libraires, & autres dans ladite ville de Paris seulement, de l'imprimer ou faire imprimer sans le consentement par écrit dudit Exposant ou de ses ayans-cause, à peine de confiscation des exemplaires contrefaits, de mille livres d'amende contre chacun des contrevenans; dont un tiers à Nous, un tiers à l'Hôtel-Dieu de Paris, l'autre tiers aud. Exposant, & de tous dépens, dommages & interêts : A la charge que ces Presentes seront enregistrées tout au long sur le Regitre de la Communauté des Imprimeurs & Libraires de Paris, & ce dans trois mois de la date d'icelles. Que l'impression dudit Livre sera faite dans notre Royaume & non ailleurs, & ce en bon papier & en beaux caracteres ; conformément aux Reglemens de la Librairie ; & qu'avant que de l'exposer en vente, il en sera mis deux exemplaires dans notre Bibliotheque publique ; un dans celle de notre Château du Louvre, & un dans celle de notre tres-cher & feal, Chevalier Chancelier de France le Sieur Phelyppeaux Comte de Ponchartrain, Commandeur de nos Ordres ; le tout à peine de nullité des presentes : Du contenu desquelles vous mandons & enjoignons de faire joüir l'Exposant ou ses ayans-cause, pleinement & paisiblement, sans souffrir qu'il leur soit fait aucun trouble ou empêchement. Voulons que la copie desdites Presentes qui sera imprimée au commencement ou à la fin dudit Livre, soit tenuë pour duëment signifiée, & qu'aux copies collationnées par l'un de nos amez & feaux Conseillers-Secretaires, foy soit ajoutée comme à l'original. Commandons au premier notre Huissier ou Sergent de faire pour l'execution d'icelles tous actes requis & necessaires, sans autre permission, & nonobstant clameur de haro, Chartre Normande & Lettres à ce contraires. CAR tel est notre plaisir. Donné à Versailles le 30. jour de Janvier, l'an de grace 1704. & de notre regne le 61. *Signé* Par le Roy en son Conseil, LE COMTE.

Regiftré sur le Livre de la Communauté des Libraires & Imprimeurs de Paris, conformément aux Reglemens, & notamment à l'Arrest du Conseil du 13. Août 1703. A Paris ce 13. Fevrier 1704.
Signé, P. EMERY, *Syndic.*

www.ingramcontent.com/pod-product-compliance
Lightning Source LLC
Chambersburg PA
CBHW070250100426
42743CB00011B/2210